Nueve años
cinco días

Nueve años

Cinco días

(1961 - 1970)

Máximo Marrero

Segunda Edición, 2015

Por el ojo de la aguja Editorial

Nueve años cinco días
Segunda edición, Miami, Florida, noviembre – 2015.
Copyright © Máximo Marrero, 2012
Copyright © Por el ojo de la aguja Editorial, 2015

Por el ojo de la aguja Editorial
porelojodelaagujaeditorial@gmail.com
www.porelojodelaagujaeditorial.com

Autor: Máximo Marrero
Ilustración de cubierta: Cira Valviqueira
Diseño de Cubierta: Fiorella Vano
Edición y maquetación: Nelson Jiménez
ISBN-13: 978-1523937127
ISBN-10: 1523937122

Primera edición, Junio – 2012
Por René Mario Hernández

Impreso en los Estados Unidos de América.

Dedicatoria

A mi familia,
a los presos políticos cubanos,
a mis amistades y
a Karen Díaz, mi tierna y paciente
ahijada venezolana a quien le debo
el haber podido darle forma
a estos lejanos y dolorosos recuerdos

Agradecimientos

Hay otras personas que cooperaron con el entusiasmo en este
proyecto a las cuales quiero hacer patente mi agradecimiento:
Flora Piloto, Orlando Núñez, mis hijos; Máximo, Daniel.
A los presos políticos Rodolfo Rojas, Juan Pérez Báez, Abel
Nieves y Arturo López Lloren, el poeta Manuel Soriano, Cira
Valviqueira, Iris Guzmán, Manuel Castro, América Manzano
y a mi editor René Mario Hernández.

A MODO DE PRÓLOGO

Marzo 06/2012

Querido Amigo
Máximo Marrero:

Terminé de leer tu relato y me propuse escribir, de inmediato, estas líneas, para dejar en ellas, palpables, la tremenda emoción que me produjo su lectura.

Durante las horas que pude adentrarme en el texto, me resultaba difícil desempeñar el oficio de corrector, o de crítico de giros y estilo, por lo que iba apareciendo ante mi imaginación: Un cuadro "Dantesco", doloroso que a ratos se tornaba en ira y ¡hasta en rencor! Pero también por las tremendas lecciones de patriotismo, sacrificio y virilidad que aparecen en las páginas del relato.

Me he limitado a ciertas correcciones gramaticales, o de esclarecimiento, con la inclusión de algunas palabras o la supresión de otras, pues llegué a la conclusión de que esta narración debe de quedar así espontánea, vivida, sin afeites ni preciosismos literarios; fluida y sincera: como si alguien a nuestro lado nos contara sus vivencias y nos relatara, compartiéndolos, todos los sucesos en lo que tomó parte como actor, unas veces, y otras como testigo.

¡Claro que debes publicar estas memorias. No solo para los tuyos, si no como acusación permanente, dolorosa, sangrante, de lo que ha sido el presidio político de los rufianes que se hicieron con el poder en Cuba.

Te felicito por tu esfuerzo y te hago llegar mi admiración y respeto. Esta dolorosa tragedia cubana tiene que terminar —como todo en la vida— y relatos como el tuyo serán los testimonios honestos y claros de la tragedia vivida por nuestro pueblo. Y permanente recuerdo —sine irae et odio— sin ira y odio, de lo sucedido. Para creer, esperanzados, que luego no vuelva a ocurrir!

Un abrazo,

Orlando Núñez Pérez

PALABRAS DEL AUTOR

Se dice que la historia de un país está conformada por la suma de la historia de cada uno de sus ciudadanos, y la espeluznante historia del presidio político cubano bajo el régimen de Fidel Castro, está conformada por el cúmulo de sufrimientos que nos tocó vivir a cada uno de los que pasamos por él. Una historia en la que tomamos parte en mayor o menor medida, miles de hombres y mujeres muchos de los cuales dejaron en ella la vida y los otros parte de su juventud.

El propósito de estas páginas es contar mi parte en ella, que aunque no tan larga y sufrida como fue la de otros, también tendrá su valor; y lo hago porque me siento en el deber de hacerlo ante las nuevas generaciones, porque han pasado más de cincuenta años y todavía Fidel Castro sigue en el poder y todo indica que morirá en su cama, plácidamente, como si hubiese sido un justo; y cuando eso suceda, y pasen unos años más y hayamos muerto todos nosotros también llevándonos a la tumba la gran verdad, resultará que Fidel va a pasar a la historia como un hombre bueno. ¿Quién para entonces, va a decir lo contrario, cuando le presenten videos hablando él en la plaza ante un millón de cubanos (que nadie dirá que la mayoría fueron obligados) y se diga que gobernó su país por más de cincuenta años y que murió de viejo como un anciano patriarca rodeado por su pueblo?

Para desmentir eso, voy a escribir estos testimonios; para

que no triunfe la mentira sobre la verdad; para decirle a las nuevas generaciones, que Fidel Castro fue un vil tirano, que si gobernó a Cuba por tantos años, fue por la fuerza, torturando y asesinando a miles y miles de cubanos.

Ya se ha escrito mucho sobre esto y muy bueno, pero no basta. Todo el que haya sufrido y tenga algo que contar, debe dejarlo plasmado para que permanezca, pues lo escrito no muere; además que pasan los años y aquello de lo que no se habla terminará escapándose de la memoria.

Sé que acometo un proyecto para el cual no estoy nada preparado. Cuando concebí la idea, alguien me sugirió buscara la ayuda de un profesional, pero rechacé el consejo; decidí hacerlo solo, a como saliera, para que sea de primera mano y espero que sabrán perdonarme porque en esto no hay pretensión ni jactancia; solo el propósito de plasmar lo que viví. Me propongo hablar de mis vivencias, de lo que vi, oí y lo que sentí en la piel; será como mi diario de presidio. No podrá ser una historia continua, sino una recopilación de acontecimientos, de anécdotas, de detalles sueltos e imágenes aisladas, que aunque no tengan una secuencia, son elementos que pertenecen a una misma historia. No pienso ilustrar este trabajo con fechas porque han pasado muchos años y la memoria me puede traicionar. Hablaré de los hechos en sí, que estos sí los tengo claros. Es increíble como en la actualidad algunas veces olvido lo que me sucedió ayer; pero lo que pasé en prisión, no lo he olvidado jamás; será porque estaba joven, con la memoria fresca o porque fue tan fuerte que quedó marcado como con hierro candente; el caso es que aquellos fantasmas los tengo todavía dentro (creo que a todos los presos nos sucede lo mismo), siempre están conmigo, tanto así, que muchas noches me las pueblan con sueños y pesadillas… tal vez con este desahogo que pretendo logre sacármelos de dentro.

Sé que toda obra humana está expuesta a la crítica y sé que si alguna merecerá ésta, no en su aspecto literario, sino en su contenido, será por defecto, nunca por exceso, porque todo lo que se ha escrito y se pueda escribir sobre el presidio, nunca será suficiente para pintarlo tal cual fue.

Perdónenme esta incursión temeraria en el mundo de las letras, intentada en gran parte por no defraudar a mis hijos, y perdónenme algunas palabras fuertes que me veré obligado a usar: ya se sabe que el lenguaje que se habla en presidio, no se distingue por su excelencia.

20 DE SEPTIEMBRE

Casi todos los seres humanos, a lo largo de sus vidas y de todas las vivencias por las que han pasado, cuentan con un día, con una fecha entre otras tantas, que se les queda grabada en la memoria para siempre: la del nacimiento de un hijo, la pérdida de un ser querido, el día que lo visitó la suerte y acertó el premio de la lotería. El acontecimiento más inesperado puede quedar como un jalón en la historia de una vida. El 20 de septiembre de 1961, fue para mí esa fecha: la llevo grabada como con tinta indeleble. Ese día dejé de ser un hombre libre, para sumergirme en el tenebroso y oscuro mundo de las prisiones y emerger 9 años y 5 días después. A partir de ese día la trayectoria de mi vida quedó para siempre dividida en dos: la de antes y la de después.

Fue por la noche. Estaba en la bodega de mi pueblo, "Pipián". Había venido de la Habana donde trabajaba, para visitar la familia e hice escala allí, para compartir un rato con las viejas amistades y de paso ver si encontraba alguien que me llevara a la finca y así no tener que hacer el trayecto caminando.

Todo estaba normal, con la placidez de los pueblos pequeños. Solamente rompía la monotonía un grupo de milicianos que hacían ejercicios en la calle, frente a la bodega. Estábamos nosotros precisamente observándolos y recuerdo que ofrecían un espectáculo un tanto grotesco; aquel remedo de cuerpo armado, compuesto en su mayoría por los viejos del pueblo, con un madero al hombro a guisa de fusil y trotando frenéticos calle arriba y calle abajo.

Por la calle principal, solitaria a esa hora, bajó un automóvil que dobló la esquina y se estacionó al lado de la bodega. Descendió un miliciano conocido, que le decían "Tiro el de Pigin", se dirigió a mí y me dijo que en el carro había unos "compañeros" que querían hablar conmigo. Lo seguí un poco receloso, porque sentí que a la palabra compañero, que ellos usaban tanto, le dio como un énfasis distinto; como si fueran compañeros de mucha importancia. Cuando llegamos al carro, ya se bajaban tres militares jóvenes y mal encarados. Me dijeron que tenía que acompañarlos porque tenían que hacerme algunas preguntas y sin esperar mi reacción, me agarraron entre dos y me empujaron dentro del carro. Quedé en el centro y cada uno de ellos a ambos lados. El otro se puso al volante y Tiro de pasajero. El carro partió, yo pensé que íbamos para Madruga, que es donde está la estación de policía, pero se desviaron por el camino que conduce a mi casa. Esto sí me alarmó y me puso tenso porque no quería que mis padres supieran nada, ahora se iban a preocupar y sufrir y ellos no tenían nada que ver con los problemas míos; me erguí en el asiento para protestar, pero me contuve por temor a empeorar más la situación.

Cuando llegamos a la finca, salió mamá que me esperaba para comer. Ella pensó que el carro era de algún amigo que me traía, pero cuando vio que se bajó Tiro y después los militares, dio unos pasos atrás. "Mamá", le dije, "no te asustes que estos señores dicen que quieren hacerme unas preguntas". Uno de los militares dijo que tenía orden de hacer un registro y los otros penetraron en la casa sin esperar autorización. A papá que salía y mi hermana, le ordenaron permanecer en el comedor y penetraron ellos en los cuartos y empezaron a registrar estrepitosamente; a rodar las camas, a levantar colchones, a hurgar en el escaparate. Mi hermana que vio que buscaban en la gaveta donde guardaba su ropa, se levantó indignada y le gritó al guardia que allí no tenía que buscar nada; que esas eran sus pertenencias. El guardia parece que tenía órdenes de evitar confrontaciones con los familiares porque se detuvo en el acto y se volvió para registrar en otros lugares.

Terminado de hacer el registro, que no fue tan minucioso, porque la escopeta que estaba tras la puerta no la vieron, dijeron que los tenía que acompañar. Mamá quiso indagar y le dijeron que no se preocupara, que eran cinco minutos para que respondiera algunas preguntas. Entonces dijo que en ese caso, papá me acompañaría. Ellos protestaron que no había espacio en el carro, a lo que papá argumentó que él iba en el suyo. Ellos dijeron que en ese caso no había problemas. Nunca me lo he perdonado: tenía que haberme negado rotundamente a que papá fuera. Tal vez accedí para que mamá se quedara más tranquila o tal vez pensé que era verdad lo que decían: que era sólo para contestar preguntas. ¡Qué iluso yo! Y como de verdad creía que íbamos para Madruga, que era cerca…

Cogí la llave y salí para el patio con los guardias detrás. Abrí la puerta del garaje para sacar el carro y como estaba a oscuras, me quité rápidamente la cadena y la pulsera de oro y las lancé a la esquina; ya tenía el presentimiento que aquello no iba a ser tan sencillo como decían y si me dejaban detenido lo más seguro que iba a suceder es que las perdiera. Montaron dos guardias con papá y conmigo; yo al volante. El otro nos siguió con Tiro; a esta "inmundicia" deben haberla dejado en el pueblo porque no lo vi más. Debe haberse bajado orondo por

15

el trabajo realizado. Tiempo más tarde, mamá me dijo que fue varias veces a la finca con los que iban a registrar y la trataba con despotismo.

Cuando llegamos a Madruga me hicieron tomar la carretera central rumbo a Matanzas. Ahí sí me di cuenta que el caso era serio. Fue un viaje muy silencioso; no se habló una sola palabra en todo el camino.

Dentro de Matanzas me guiaron hacia el castillo de San Severino, que era donde radicaba el cuartel general del G2. Nos pasaron a la oficina. No me pasó inadvertida la mirada de codicia que le dieron al carro. —Después se confirmó que a papá lo dejaron preso porque querían adueñarse de él—. Cuando se lo devolvieron a los varios meses, estaba inservible.

En la oficina nos esperaba un oficial déspota y zoquete. Debe haber sido un comunista fanático; hablando de lo "cansado que lo tenían los contrarrevolucionarios asquerosos". Empezó a interrogarme agresivamente, como si tuviera algo personal en contra mía. Me tomó los datos y me dijo que ellos sabían que yo escondía armas. Después se dirigió a papá y comenzó a hacerle preguntas, también en mala forma. Le dije en tono fuerte que no tenía que preguntarle nada a papá, que él había venido solamente acompañándome. Me miró amenazante, dio un puñetazo sobre el escritorio y dijo: "tú te callas la boca, gusano hijo de puta". No me pude contener, me levanté y le grite: "más hijo de puta serás tú". Dos guardias se abalanzaron sobre mí y me lanzaron contra la pared. Él se levantó como un resorte y sacó la pistola… "me gustaría meterte un tiro, para que se te acabe la guapería, hijo de puta", y me lo volvió a decir casi escupiéndome la cara. En honor a la verdad, pasé un susto tremendo; me vi con un tiro dado en el estómago que era por donde apuntaba aquel animal. Aquella fue mi primera y aleccionadora experiencia como preso. —Todo esto lo presenció mi pobre viejo—. "Llévalo para la celda de castigo", dijo.

Me llevaron para una celda de un metro y medio de ancho por dos de largo. Había un guardia que fue quien abrió y cerró la reja. En la celda solo había un saco de yute en el suelo. Ahí pasé cinco días; los más largos, solitarios y tristes de mi vida.

El guardia me sacaba al baño para las necesidades. Tenía lavabo con agua, pero no había ducha. Cinco días sin bañarme.

A los dos o tres días el guardia, que parecía ser humano, me trajo una cajetilla de cigarros y fósforos y me dijo: "ahí te manda tu papá". ! Pobre papá! Él sabía que yo fumaba, pero no le gustaba que lo hiciera y nunca lo hice delante de él por respeto. Ahora no sé cómo se las había arreglado y me mandaba cigarros. ¡Qué gesto de apoyo y de ternura el de mi pobre viejo!

A los cinco días me sacaron y me montaron en un carro con dos presos más y dos guardias. Cuando me sacaban de la celda que pasé frente a otras en la que había muchos presos, pude ver a papá, agarrado a la reja, que me decía adiós, lloroso. Íbamos trasladados para La Habana. Tomamos la Vía Blanca, una carretera que recorre todo el litoral norte de las provincias de la Habana y Matanzas ofreciendo al viajero un panorama impresionante. ¡Qué distinto se veía el paisaje ahora, desde un carro policial, preso, a cuando lo disfrutaba cuando pasaba por allí en un carrito convertible que tuve!

EL G-2

El G-2 es el cuerpo represivo del Ministerio del Interior en Cuba, sinónimo de la KGB rusa, de la Gestapo alemana y del SIM en el gobierno de Batista. Estos cuerpos son el corazón del poder en los sistemas dictatoriales y represivos. De allí nace la orden de vigilar, encarcelar, hacer desaparecer, fusilar y ametrallar al pueblo con los tanques de guerra si fuese necesario. Sus instalaciones cuartelarias son siempre un lugar lúgubre y tenebroso que causa pavor. Un ciudadano común, que se sepa sin delito, si se viese en la necesidad de pasar caminando cerca de uno de estos centros lo haría por la acera del frente, mirando siempre adelante y respiraría aliviado cuando estuviese lejos.

Al G-2 de la Habana llegué el 25 de septiembre de 1961. Sus dependencias estaban ubicadas en lo que fuera una lujosa mansión en el barrio de Miramar, en la Quinta Avenida y la calle 14. Se le denominaba:" el G-2 de quinta y 14". Eran aproximadamente las dos de la tarde. Se detuvo el carro en que viajábamos en un patio grande, rodeado por una cerca de bloques de seis pies. Nos hicieron bajar y nos introdujeron por una puerta que daba a un pasillo donde se veían puertas con rejas al lado derecho. Llegué allí con el espíritu atribulado, pensando en papá que lo dejé en San Severino, y convencido de que el asunto iba en serio, que no iba a ser cosa de unos días como alguna vez tuve la esperanza, de que pretendían hacerme

19

pasar un susto para que me sirviera de escarmiento y no siguiera hablando "mierda" de la revolución por las esquinas, como ellos decían.

Cuando nos encaminamos por el pasillo, dirigí la mirada hacia los cuartos; lo que vi fue un cuadro espeluznante: tras las rejas se veían muchos hombres casi todos sin camisas, sudorosos, barbudos y peludos, prueba elocuente de los días que llevaban allí, y se les veía en la mirada curiosa un reflejo de resignación y de tristeza. Sentí miedo en ese instante: ya vislumbraba cual sería mi futuro, lo que me esperaba.

Allí nos tomaron los datos a cada uno. Nombre, apellido, nombre del padre, de la madre, de los hermanos, fechas, trabajo y en fin, todo lo que constituye en cada ser humano el sentido de individualidad. Nos tomaron fotos de frente, de los perfiles y las huellas dactilares.

Esta fue mi ficha como prisionero político. Amarillenta y comida de polillas debe andar todavía por los archivos de la seguridad del estado o quizás, como han pasado tantos años y ellos también están más modernizados, la tendrán metida en un disquete de computadora.

Según terminaban con cada uno, llegaba un militar y nos llevaba a la celda de destino. Aquellos dos hombres que vinieron conmigo, no los volví a ver más.

A mí me llevaron para uno igual a aquellos cuartos que vi en la entrada, pero que estaba ubicado en la otra ala del patio. Este cuarto era la galera 7. Allí llegué; el guardia abrió el candado y los curiosos se apartaron para que entrara. Hubo un silencio. Todos me miraban de arriba a abajo y yo pasaba la vista por todos los rostros queriendo encontrar a alguien conocido. No conocí a nadie. Caminé buscando un espacio donde acomodarme; a los pocos minutos se me acercó un hombre de mediana estatura, delgado. Se me presentó, me dijo su nombre que no recuerdo y que le llamaban "El Gallego". Dijo que era el jefe de galera; que allí había reglas que había que cumplir; todo esto con palabras amables y cariñosas y me dijo que buscara de acomodarme donde pudiera, que no por haber llegado el último, tenía menos derechos que los demás. Finalmente me dio una palmada en la espalda y me dijo: "ánimo, que esto pasa".

Aquella era una habitación normal; parecía mas espaciosa porque no tenía muebles pero cuando nos tendíamos en el piso los veintitrés hombres que habitábamos en ella, no quedaba espacio ni para poner un pie. Tenía un baño sin puerta con una pequeña ducha y un hueco en el piso donde hubo una vez un inodoro, que era donde se hacían las necesidades en cuclillas.

Por la tarde vino un guardia con una carretilla plana donde traía acomodados los veintitrés platos con la comida. El guardia se los fue alcanzando al Gallego por una abertura que tenía la reja para este fin y él nos los fue pasando a cada uno de nosotros.

Pasada como un hora de terminada la comida, el Gallego dijo que iban a rezar el rosario. Hizo la salvedad que el que no quisiera participar no era obligación, pero que había que hacer silencio. Me percaté de que esta advertencia era solo para mí, porque era el último que había llegado y no conocía las reglas.

Me quedé tranquilo para ver qué hacían los demás. Un muchacho joven se acomodó en un ángulo del cuarto y casi todos se sentaron en el suelo frente a él. Extrajo un rosario y comenzó a decir el Padre Nuestro, el Ave María y las letanías. Me senté detrás del último, agaché la cabeza y comencé a mover los labios como que rezaba. Desde pequeño que iba a la iglesia, más que todo por embullo, no había vuelto a rezar, salvo en algún bautizo y bien poco atendía a los rezos. Este rosario se rezó todas las tardes mientras estuve allí. Aprendí el Padre Nuestro, el Ave María y las letanías y las rezaba con fe y devoción, porque la mente humana necesita siempre tener una luz de esperanza y cuando todo a tu alrededor te parece oscuro, Dios te la da.

Estas veintitrés personas que habitábamos la galera 7, constituíamos un grupo variopinto, heterogéneo. Pienso que sería igual en todas las Galeras. Todos vestidos con ropas distintas, la que teníamos puesta cuando caímos presos. El Gallego por ejemplo, que era "diler" en un casino de juego, vestía un pantalón negro y una camisa blanca de pajarita. Había dos milicianos con sus botas, su pantalón verde olivo y la camisa de mezclilla azul y las boinas que no se quitaban nunca. Mantenían distancia con nosotros, porque de verdad eran comunistas, o tratando de aparentarlo para ver si con esa actitud lograban que los pusieran en libertad. Había un alemán que se llamaba Yorguin Koch, que hablaba bien el español y otros idiomas. Un día, pasados muchos años, oyendo la Voz de las Américas, oí que decía el locutor: — "y desde Alemania, nos informa nuestro corresponsal Yorguin Koch". — Sentí emoción pues estaba casi seguro que tenía que ser el mismo… ¡buen muchacho aquel! Había también un danés, que cayó preso cuando la procesión de Regla, porque estaba tomando fotos de la golpiza que la policía emprendió contra los que seguían a la Virgen. Este danés era un hombre corpulento y fuerte. Una vez se agarró a los barrotes de las rejas que eran de cabillas cuadradas de media pulgada, hizo fuerzas del centro hacia los lados y las dobló un poco. El danés se trancó que no podía corregir. Todo el que ha estado preso ha pasado por esa mala experiencia. Dicen los médicos que es porque las asas intestinales se alteran debido al estrés y las emociones que va sufriendo el preso. El caso es que el hombre llevaba como ocho o diez días sin poder ir al baño. Se lo comunicaron a uno que andaba por el patio de civil y que decía era enfermero. Varias veces le trajo unas pastillas y unas sales que disolvía en agua, hasta que una noche por la madrugada, se levantó el danés y caminó apurado poniendo los pies en los escasos espacios que dejaban los cuerpos tendidos en el piso, pero no pudo llegar a tiempo, se desinfló por el camino y llegó con los pantalones por las rodillas y se agachó donde él creía que estaba el hueco y allí estuvo largo rato aliviándose con aquellas ventosidades ruidosas; ya todos nosotros despiertos por aquella pestilencia que no había Dios que la resistiera. El día nos sorprendió sin volvernos a acostar; todos riéndonos y a la vez compadeciendo al pobre danés que estaba en cueros lavando la ropa en la ducha y limpiando el baño. Cuento esta anécdota tragicómica, porque se me quedó bien grabada en la memoria y en el transcurso de estos recuerdos, irán surgiendo otras, de la que el preso siempre andaba a la caza para matar el tedio y disipar, aunque fuese por unos instantes, el pesar que lo embargaba.

Me he ido adelantando con estos relatos y no he tomado en cuenta la cronología de los hechos. La segunda noche de haber ingresado en la Galera 7, llegaron a la puerta y dijeron mi nombre, serían como las once. Un militar abrió la puerta y otro me tomó por el brazo, más arriba del codo y me condujo a través del patio para el cuerpo principal del edificio. Entramos a una oficina que estaba muy iluminada por un reflector, pero que dejaba un ángulo a oscuras. Me situaron de frente al haz de luz y se apartaron; ahí comenzó mi verdadero calvario. De la oscuridad salían dos voces que me hacían preguntas alternativamente. Después del nombre, me preguntaron por las armas que escondía; esa misma pregunta me la habían hecho ya en San Severino. Que dónde estaban las ametralladoras "pepechá" que había recogido en una lancha en la bahía de Matanzas; que qué decía del miliciano que había matado en la carretera del Guajay; que estaba fraguando un atentado contra Fidel; —decían que todas estas acciones las había realizado acompañado por Mario Prats Montenegro— que iban a virar la finca de mi padre al revés porque allí escondía las armas; que de la revolución nadie se burlaba, que sabían que en mi centro de trabajo mantenía una actitud totalmente negativa y hostil contra la revolución, y que tenía vínculos con René Mirabal (Mirabal era un compañero de trabajo que estaba huyendo, que yo había trasladado algunas veces de escondite en mi carro), y que dónde estaba el Polaco (el Polaco era René Prats, hermano de Mario que nos tenían enrolados en la misma causa y estaba prófugo también).

Este interrogatorio duró hasta las dos de la madrugada. Cuando me regresaron a la galera estaba exhausto, de estar tanto tiempo de pie. No pude dormir; estaba asustado, evaluando todas aquellas acusaciones de las que parecían ellos tan convencidos. Estos interrogatorios se sucedieron como tres o cuatro noches más, siempre en noches alternas o cada tres noches. Iguales las preguntas, iguales los gritos, e iguales las amenazas. Yo por supuesto no aceptaba nada.

La vida en la galera seguía igual; las noches eran las tormentosas. A cualquier hora sacaban a alguien para interrogarlo y nadie hablaba nada al regreso porque no se sabía a quién tenías al lado.

Tenía un dolor y una preocupación muy grandes por papá: desde que salí de Matanzas, no había vuelto a saber de él. En una conversación con el Gallego se lo comuniqué y me dijo que iba a tratar de averiguar con el enfermero y me preguntó el nombre de papá. Al otro día el enfermero trajo la noticia de que estaba allí en otra galera. Se me vino el alma al piso; tenía la esperanza de que cuando me trasladaron, le hubieran dado la libertad. Ahora me preocupaba que lo estuvieran sometiendo a los mismos interrogatorios que a mí. ¡Qué culpable me sentía ante mi padre!

Mientras tanto, la vida seguía. Anexo a la galera nuestra, había un cuartico donde mantenían encerrado a un francés. El hombre no dejaba dormir a nadie, daba la impresión de que estaba loco. Se aferraba a la reja, la hacía traquetear y gritaba: "comunisme es una mierrrda"; pronunciando la erre larga, no con la punta de la lengua como hacemos nosotros, sino con la parte de atrás. Se metía en la ducha y pasaba horas bajo el chorro, con traje y todo. Un día sacaron a Yorguin, que también hablaba francés, para que conversara con él. Se sentaron en la hierba donde se veía desde la puerta nuestra, con un guardia cuidándolos. El francés le contó a Yorguin, que se había robado una avioneta en México para venir a Cuba porque le gustaba la revolución: pero que "comunisme es una mierrrda". Yorguin le preguntó que por qué se pasaba tanto rato bajo la ducha y le dijo que quería ponerse tuberculoso para que lo sacaran de allí. Un día lo sacaron y no supimos más de él.

Nuestra galera daba por el fondo hacia la 5ta avenida, que

era donde vivía Grau San Martín, que fue presidente constitucional de Cuba en el periodo de 1944-1948. El Gallego me dijo que algunas tardes se sentaba en el portal a leer y que si uno se agarraba de los barrotes de la ventana y se izaba hasta pegar la cabeza al techo, se le podía ver. Lo intenté en varias ocasiones, hasta que una tarde logré verle. Allí estaba el anciano de escasos cabellos y de bigotes blancos, con su postura gallarda, leyendo un libro. Estaba pequeño cuando él fue presidente, pero le oía decir a papá, que había sido el mejor presidente que tuvo Cuba. Después supe que no fue perfecto, pero sí un gran demócrata. Allí estaba en el portal de su casa, leyendo un libro, solo, sin enemigos; el símbolo de la libertad frente al símbolo del terror. Tal vez se escudaba tras el libro para mirar al frente, a la casa de su vecino y que tal vez fue su amigo, donde él sabía que se gestaban y se ordenaban todos los crímenes que se estaban cometiendo en Cuba. Oí decir que le preguntaron un día, al principio de la revolución, cuando todavía todo era fiesta y celebración, qué él creía de lo que estaba sucediendo y que dijo: "ya pagarán bien caro los cubanos estos momentos que están viviendo". —Él había sido profesor de la Universidad de la Habana y conoció a Fidel cuando era estudiante; siempre envuelto en cosas turbias, pandillero y gánster y con esos antecedentes, no se podía esperar que fuera bueno para gobernar al país.

Cuando llevaba como veinte días en el G-2, me llamaron una noche; hacía rato me habían dejado tranquilo. Salí aparentemente normal, pero sentía un vacío en el estómago y ganas de vomitar, estaba asustado. Hacía días que se había corrido por la galera el rumor —no se sabe por dónde vino— de que había un lugar al que llevaban a uno para torturarlo y pensaba en eso y en las acusaciones tan graves que pesaban sobre mí.

Me llevaron al mismo lugar de los interrogatorios, pero esta vez no estaba el reflector encendido. Allí estaba Mario Prats, del que tanto me habían hablado los interrogadores. Era bajito, con una barbita rala y más joven que yo; parecía casi un niño. Nos sacaron juntos y nos llevaron al patio donde esperaba un furgón pequeño, como un van. Nunca había visto este tipo de carro en Cuba. Nos montaron por la puerta trasera y cerraron por fuera. Era casi hermético y muy oscuro. Tenía sobre el techo unas aspilleras para que penetrara el aire. El carro arrancó y partimos con rumbo desconocido.

LAS CABAÑITAS

Pasado el tiempo se habló mucho de estas Cabañitas. Eran efectivamente un centro de torturas. Allí llevaban a los presos que no le habían podido arrancar confesiones en los interrogatorios y que suponían tenían graves delitos. Hasta el día de hoy que escribo, nadie ha sabido exactamente dónde se encuentran ubicadas. Reynol González, un preso que estuvo allí, escribió un libro acerca de ellas que tituló: "El Punto X". Muy bueno el libro y fiel a la verdad, según mis experiencias.

Desde que nos montaron en este tipo de carro, cerrado, sin asientos, ya se sabía que no era un traslado normal. Estaba claro que nos llevaban para el lugar donde torturaban; lo que había oído decir en la Galera 7. El carro partió, fui a decirle algo a Mario y éste hizo un sonido característico de mandar a hacer silencio: no dije nada. Entonces me concentré en sentir, en grabar mentalmente por los giros, ya a la derecha, ya a la izquierda, el rumbo que tomábamos. Me di cuenta que trataban de despistarnos, porque hizo cuatro giros seguidos hacia la izquierda, lo que quería decir que le habíamos dado la vuelta a la manzana. Ya en esto perdí el rumbo. El carro anduvo como treinta minutos. Al fin se detuvo unos segundos, lo suficiente para que abrieran un portón y continuó unos metros. Se detuvo firme y puso retroceso, al poco rato sentí que se abría la puerta. Me llamaron por mi nombre, salí doblado porque el techo era bajito y cuando asomé la cabeza me la cubrieron con una toalla negra. Un hombre cogió la toalla por detrás y la enrolló. Sin usar violencia me ayudó a terminar de bajar y me dijo: "camina…" siempre con la toalla agarrada, me guío unos pasos, entonces dijo: "vas a subir unas escaleras" y me llevó hasta el primer peldaño, seguí subiendo. Cuando llegamos al primer piso me dijo: "dobla a la izquierda" y caminamos de frente hasta que se detuvo y abrió una puerta con su mano libre y me introdujo en una habitación. Allí me quito la toalla. Me quedé encandilado, primero por la oscuridad del carro y después por los ojos tapados por la toalla. Era un cuarto muy iluminado. Tenía un bombillo grande en el techo como de cien bujías. Él era un militar con una pistola al cinto. Se paró de espaldas a la puerta y me dijo en tono autoritario: "quítate la ropa y los zapatos"; obedecí, ¿qué hubiera hecho con negarme? Cuando me quedé en calzoncillos dijo: el calzoncillo también, como me vio dubitativo, que no reaccionaba, gritó: "toda la ropa dije". Me quité el calzoncillo y lo tiré al lado de la otra ropa. Hizo un bulto con la ropa y los zapatos y salió cerrando la puerta por fuera. Ocho largos y dolorosos días iban a pasar sin volver a ver mi ropa. Me quedé allí parado, en medio de la habitación, mirando alrededor, atontado. A los pocos minutos se abrió la puerta y apareció Mario, también con la cabeza vendada, con la misma toalla negra. Mario se desnudó por completo porque ya me había visto a mí. El guardia se fue de nuevo, cerrando la puerta, como la vez anterior. Allí nos quedamos Mario y yo, uno frente al otro, desnudos, mirándonos con pena. Este era el primer paso de la caminata que me esperaba a lo largo de nueve años de desnudeces y vergüenzas.

Empezamos a estudiar la habitación: era un cuarto normal, más bien pequeño. Tenía un closet empotrado y un aparato de aire acondicionado que estaba apagado. La puerta era de madera y a la altura de los ojos, tenía una puertecita pequeña que se abría desde afuera; la puertecita estaba abierta. Caminé y miré a través de ella y no vi a nadie. En el cuarto no había absolutamente nada para dormir, ni baño. Mario me señaló para una esquina, indicándome un ángulo que no se pudiera ver desde la puertecita y me dijo al oído que teníamos que tener cuidado con lo que hablábamos porque podían tener micrófonos escondidos. Mario, a pesar de ser más joven que yo, tenía experiencia de conspirador, parece que era ducho en esas lides. No lo había visto nunca; la primera vez hacia una hora en la oficina del G-2. Le tomé confianza, porque la inspiraba. De allí nació una amistad que perdura hasta el día de hoy y de la cual me siento orgulloso.

Viendo que pasaron las horas y no sucedía nada, decidimos tendernos en el suelo, a piso pelado porque no había donde apoyar la cabeza y para colmo con aquel bombillo tan brillante encima que producía tanto calor. Por la mañana— digo por la mañana porque se adivinaba por los ruidos, porque dentro del cuarto era igual las 24 horas—. Por la mañana, repito, vino un guardia con un jarrito con café claro y amargo y nos lo alcanzó por la puertecita. Le dije al guardia que tenía ganas de ir al baño y me dijo que dentro de un rato venía a sacarme. A los pocos minutos regresó y me sacó. Para moverse dentro de la casa no nos ponían la venda. Me llevó al baño. Solo tenía deseos de orinar, creo que ya estaba contaminado con el síndrome del danés.

No recuerdo con precisión, ni más o menos pero sé que el capítulo de los interrogatorios, no se hizo esperar. Me sacaron, desnudo como estaba y me llevaron para lo que parecía la sala de la casa. Había un barcito pequeño en una esquina y una pared que estaba cubierta totalmente por un espejo. Vi sin fijarme mucho que había una hoz y un martillo pintados con creyón rojo. En la esquina opuesta al barcito había un buró y un oficial sentado detrás. Casi coincidiendo conmigo, llegó una mujer vestida de militar. ¡No quisiera recordar aquel momento!, ni creo que se me olvide jamás. ¡Qué pequeño y qué indefenso me sentí! Me sentí desarmado, vulnerable, como se sentiría una tortuga sin el caparazón. La mujer no era joven, ni hermosa; sí alta y de pelo largo y usaba una boina con cierta coquetería, de medio lado y llevaba pistola al cinto; pero era una mujer y los hombres también tenemos pudor. Tenía ya 23 años y había corrido mundo, pero esto era diferente. Todos ellos con ropas y yo desnudo. Ellos sabían el efecto desmoralizante que esta desigualdad de condiciones producía en el preso y por eso lo hacían, por eso traían a la mujer. Cuántos hombres desnudos habría visto ella, que se desenvolvía tan normalmente, fría y sádica en su indiferencia.—Este espécimen de mujer con complejos de hombre, que ya proliferaba tanto, ya vestida de militar, o de miliciana, o de machetero; lista para montarse en una carreta y hacerse al campo a cortar caña, fue la que mató en Cuba aquella costumbre tan bonita de levantarse el hombre y darle caballerosamente el asiento a una mujer. Claro que no todas eran así, pero éstas fueron las que hicieron que el hombre perdiera la fe en la femineidad de la mujer—. El oficial del buró me mandó a sentar frente a él. Me preguntó el nombre, cogió unos papeles que tenía en frente y los hojeó: "conque Máximo Marrero" dijo, meneando la cabeza de atrás hacia adelante. "Aquí tenemos a un peje gordo: armas por Matanzas, un muerto, y atentado a Fidel"… fui a protestar y me dijo: "usted se calla, nadie le ha preguntado nada". Se acomodó en el asiento y extrajo una cajetilla de cigarros. Me preguntó si fumaba y le dije que sí; quería aparentar naturalidad y cierta actitud dócil. El hombre me dio el cigarro y me acercó el fósforo. Me dijo: "mira Marrero, tú tienes una situación muy complicada; es mejor que cooperes con nosotros, para que puedas salvar el pellejo, con todo esto te espera el paredón de fusilamiento. Te voy a dar una oportunidad para que lo pienses", y le dijo al guardia: "llévalo…" cuando salía me dijo: "no creas que te vas a burlar de nosotros, aquí todo el mundo canta".

Llegué al cuarto y cuando estaba conversando con Mario, bajito por supuesto, se abrió la puerta y empujaron a un hombre en calzoncillos: lo reconocí al instante. Era Jesús Blanes Amezcua, un muchacho que siempre andaba por el paradero de la ruta que yo trabajaba porque tenía un amigo allí y ya se había hecho amigo mío también. Habíamos hablado mucho y me caía bien porque se expresaba mal de la revolución y decía que estaba conspirando. Una vez cuando el desembarco de playa Girón, me dijo que iba para allá a combatir, pero que se le había ido el camión que llevaba a otros y me pidió que lo llevara en mi carro. Yo quería cooperar de alguna manera y lo llevé hasta Matanzas, donde me dijo que lo dejara, que allí él tenía manera de continuar. Por el camino habíamos hablado, hasta por los codos mal de la revolución… llegó asustado y tembloroso, dijo que llevaba varios días allí y que lo estaban torturando. Se sentó en el piso y nos enseñó las plantas de los pies; tenía unos moretones y sangre coagulada. Dijo que le daban con una tabla en las plantas de los pies y que ya no podía aguantar más. Miré para Mario; Mario no lo conocía. Le dije: pues aguanta que es mejor para ti y no vayas a mencionar lo del viaje a Matanzas. Pasó un largo rato; sentimos que la puerta se abría y me llamaron. Me llevaron otra vez donde el mismo oficial y la mujer. El oficial me preguntó: "¿ya lo pensaste?" le dije: "oficial, es que no tengo nada que decir, nada de eso es verdad; averigüe bien para que usted vea". Le dijo al guardia que me llevó: "ponle las esposas". El guardia me llevó las manos a la espalda y me esposó. Él se levantó del buró, cogió una cestica que estaba llena de cigarros sueltos, a granel y me dijo: cuando te fumes todo esto, ya veremos si tienes cosas que decir o no. Pensé para mis adentros… ¿qué tortura puede ser fumar cigarros? Me pusieron delante del espejo donde estaban pintadas la hoz y el martillo. Él cogió un creyón y escribió: "¿dónde está Mirabal?". Con la misma encendió un cigarro y me lo puso en la boca y después otro y otro más. Tres a la vez y me gritó: "tienes que halar, ¿me oíste?: Y si no te entro a tiros", y se tocó la pistola; "y no botes ninguno". Empecé a halar y a echar humo por la nariz. Él me gritaba y me sacudía y cuando los cigarros se estaban acabando, prendía tres más y me gritaba: ¡hala!, y yo halaba; hasta que empecé a sentir mareos y unas ganas muy grandes de vomitar. Me doblé hacia delante y vomité lo que tenía en el estómago. Cuando me repuse me dijo: "¿vas a hablar o no?". Balbuceé que no tenía nada que hablar y volvieron a prender cigarros y me dieron otra tanda. Volví a vomitar, tenía unas arcadas y convulsiones, hasta que en una de esas resbalé sobre el vómito y caí de lado, me gritó: "levántate… pero no podía, con las manos esposadas a la espalda. Le dijo al otro: "trae el aparato y tú verás cómo se levanta". Me quedé tirado, haciendo arcadas y babeando; sin mirar para ningún lado, esperando; hasta que de pronto sentí como que el piso me lanzaba hacia arriba y solté un grito, entonces vi que el guardia tenía un alambre en cada mano y me di cuenta que me habían dado un corrientazo, poniendo los alambres sobre el piso mojado. El oficial dijo: "dale otro", pero esta vez fue distinto, porque ya lo esperaba. Me ayudaron a levantarme y el oficial dijo: "¿vas a hablar o no?". Le respondí: "oficial, es que no tengo nada que hablar, todo eso es mentira". El oficial dijo: "¡llévatelo que para la próxima canta!..." y me regresaron al cuarto.

Cuando llegué, no estaba Mario. Me tiré en el piso con ganas de morir; tiempo más tarde llegó Mario, venía deshecho. Me dijo que le dieron corriente en la lengua y los dientes. Lo sentaron en un sillón de dentista y le amarraron la mano izquierda, la derecha se la dejaron libre. Le metieron un fórceps en la boca y se la abrieron que no podía cerrarla y le daban corriente en la lengua y en los dientes y le pusieron una libreta y un lápiz para que escribiera las respuestas a las preguntas que le hacían. Dice él, que sólo escribía: "hp, hp". También le hicieron pararse sobre unas lozas calientes que le quemaban los pies y le hicieron mudar la piel.

Pasó el tiempo, varias horas. Desde el día anterior se escuchaban unas voces de mujer y a veces quejidos. Caminé por la habitación y miraba por la puertecita. En una ocasión que no vi al guardia que vigilaba, miré para la puertecita del al lado: la inmediata a la derecha. Vi a una mujer; la cara por supuesto. Me hizo señas y con mímicas me preguntó si estaba desnudo. También le pregunté a ella y me dijo que sí. Esta muchacha era Dalia Jorge. Tiempo más tarde, estando en la Cabaña, lo supe. Trabajaba en la tienda "El Encanto", en La Habana. A la tienda le dieron candela y cogieron presos a varios de sus empleados, a ella, a uno que le llamaban "Carlitos" y a varios más; a Carlitos lo fusilaron porque ella lo delató. Seguro que no pudo resistir las torturas a que la sometieron allí en las cabañitas. Dicen que de allí salió embarazada. Los guardias la violaron; de ahí las voces y los quejidos que se escuchaban.

Al otro día me volvieron sacar. El oficial me preguntó que si iba a hablar o no; le dije lo mismo: que no tenía nada que decir. Ponle las esposas, le dijo al guardia y buscó la cestica con los cigarros. Me alegré que siguieran con la tortura de los cigarros porque con lo que Mario me había contado, era mejor porque el cuerpo resistía menos. Me acostaron boca arriba en el piso; me pusieron tres cigarros en la boca y las cenizas calientes me caían en el cuello y me quemaban. Yo halaba con fuerzas para que me vinieran las arcadas enseguida. Cuando empecé a vomitar, el oficial inclinado sobre mi gritaba: "habla… ¿vas a hablar o no?.." permanecí callado. Al poco rato me levantaron y me llevaron otra vez para el cuarto.

Ya en el cuarto, más tranquilo, empecé a curiosear en el closet. Lo abrí y estaba vacío. Al cerrarlo me percaté que en la moldura de madera, parado de frente, a mano derecha, había unas rayitas transversales. Observé bien y vi que se trataba de un almanaque: una rayita larga y seis cortas y así hasta contar sesenta y tres. Llamé a Mario y a Jesús y les dije: ¡miren esto!: aquí hubo un hombre que estuvo dos meses y tres días y dije: tenemos que buscar la manera de fugarnos. Miré para el aparato de aire acondicionado y vi que tenía un marco de madera. Le dije a Mario: vigila la puerta y me puse a inspeccionar el aire. Vi que la madera se podía arrancar y que el aire se podía sacar hacia adentro. Por una rendija se podía ver que daba a un patio donde había hierbas altas. Acordamos, cuando llegara la noche, intentar la fuga. —Esto era un plan disparatado producto de la desesperación; ¿cómo nos íbamos a fugar desnudos?—.

Al poco rato vinieron y se llevaron a Jesús. No habían pasado unos minutos cuando se escucharon unos pasos apresurados de más de una persona. Abrieron la puerta y fueron directamente al aparato de aire; revisaron y dijeron: ¡¿con que se querían fugar?! Ahí supimos que Jesús trabajaba para el G-2; que nos lo tenían echado. Enseguida nos sacaron: a Mario para un lugar y a mí para otro. Me llevaron por un patio con la toalla en los ojos y el guardia guiándome por atrás. Atravesamos un espacio con hierbas altas y me metieron en otra habitación, igual que la primera, pero más sola: había una colchoneta tirada en el piso. En la pared, frente a la puerta que también tenía una puertecita, había un espejo que también tenía pintada la hoz y el martillo. El guardia me paró frente al espejo, por supuesto que ya me había retirado la toalla y me ordenó que pusiera la mano derecha en posición de saludo militar, con los dedos rectos a la altura de la frente. —Éste iba a ser el método de tortura de ahora en adelante—. Cerró la puerta y me dijo: te estoy apuntando, si bajas el brazo te tiro. Se lo creí, porque al lado del espejo, en la pared, había impactos de bala.

Nadie es capaz de imaginar, y el que quiera que haga la prueba, cuánto llega a pesar el brazo de uno cuando se lleva horas en esa posición. Veía al guardia por el espejo cuando se asomaba a la puertecita; algunas veces introducía la punta del fusil. Cuando lo sentía toser o hacer algún ruido no directamente detrás de mí, bajaba el brazo y lo volvía a subir y me paraba unas veces en un pie y otras en el otro. Ya los pies no me daban más y tenía una sed desesperante. No sé qué tiempo hacía que no tomaba agua y comida nos dieron muy pocas veces. Cuando creía que me iba a caer, el guardia me mandó a descansar; parece que para hacerlo él también. Me tiré en la colchoneta aquella apestosa y encartonada, pero que me pareció un lecho mullido. Tenía sueño pero no podía dormir. Sentía una alteración y unos brincos que me daban los nervios por dentro. Después supe que eso era debido a algo que nos daban en el café para alterarnos. El guardia me llamó al poco rato; obedecía como un autómata, tratando de no acicatear su ira: tenía el propósito de aguantar hasta el final. En una ocasión le dije que tenía sed y necesidad de ir al baño. Me dijo que tenía órdenes de no darme agua, y le dije que me llevara al baño. Me dijo: "te voy a sacar, pero quiero ver que cagues; si no prepárate". Me llevó al baño. Cerré la puerta. Vi que no había lavabo y me arrodillé delante del inodoro y bebí agua sacándola con las manos toda la que pude. El agua se veía limpia, pero el inodoro tenía una costra negra por la orilla. Me senté rápido y pujé como para que se me salieran las entrañas: al final expulsé "un bolito duro". El guardia me apuraba, cuando salí, miró al inodoro y me dijo: más te vale. Volví a mi posición; esta vez con más bríos por dentro. Cuando llevaba un largo rato me mandó a descansar. Creo que era de noche porque no se sentía ningún ruido exterior. Ya no sabía ni tenía idea de nada; había perdido el sentido del tiempo. No sabía cuántos días habían pasado, me dolía todo el cuerpo y tenía los pies muy hinchados. Creo que dormí horas. Desperté cuando sentí que se abría la puerta; no quise mirar, esperando algo peor. El ruido era distinto, de varias personas. Estaba acostado boca abajo con los codos hacia fuera y las manos puestas bajo la cara. De pronto me cayó alguien encima: era Jesús que lo traían entre dos por manos y pies y lo lanzaron como un fardo. Creía que me había partido un brazo, porque me cayó encima del codo que estaba fuera de la colchoneta. Varios días estuve con el hematoma que se me formó. Él se incorporó lloriqueando. Enseguida entraron dos guardias y un oficial que no había visto nunca. Traían un perro peludo. Jesús empezó a correr alrededor del cuarto y el perro le mordía los tobillos. Me empujaron a mí para que corriera también; el perro mordía pero no tenía dientes. Jesús se detuvo y dijo: "ya está bueno, voy a hablar...Máximo, tenemos que hablar". El oficial traía unos papeles en las manos. Jesús dijo: "Máximo firma que nosotros matamos al miliciano: si firmamos no nos van a hacer nada". Le partí encima y le dije: "¡qué coño de tu madre tenemos nosotros que firmar, hijo de puta"! Los guardias me tenían aguantado. El oficial me dijo: "firma, que de todas maneras te vamos a fusilar". Le dije: "no firmo eso oficial porque no es verdad; este hombre los está engañando a ustedes y si me fusilan, van a fusilar a un inocente". El oficial se quedó un rato pensando, le hizo señas a los otros y salieron. Cuando cerraron la puerta, me abalancé sobre Jesús, que si me lo dejan creo que lo hubiese matado. A la gritería regresaron los guardias y lo sacaron de allí. No sé de donde me salió; le dije a los guardias: "déjenmelo aquí, que me lo voy a comer y les voy a tirar los calzoncillos". Sentí que los guardias se rieron. Todo quedó en silencio, me tendí sobre la colchoneta otra vez. Pasó un rato largo; no sé cuánto. Me trajeron un café aguado y un panecillo. Como a las dos o tres horas, volvieron abrir la puerta. El guardia tiró un bulto en el suelo y dijo: "escoge tu ropa y tus zapatos". Escogí la mía y los zapatos y el guardia se llevó lo otro. Me puse la ropa; los zapatos no me servían, tenía los pies muy hinchados. Me quedé allí pensando. Sentía algo por dentro que me iba invadiendo, como una paz y una seguridad. Ya no tenía miedo; estaba seguro que me iban a fusilar. Cuando la muerte es inminente, el ser humano se reconcilia con ella. Mi pensamiento voló a mi madre y solo me hacía sufrir el dolor que iba a sentir ella al perderme a mí también, ya que había perdido su primer hijo.

Al poco rato vinieron a buscarme. Antes de salir al exterior, me volvieron a cubrir la cabeza con la toalla negra. Cuando estábamos en el patio, el guardia descorrió la toalla por la parte de arriba y me dijo: ¿ves el sol?, es la última vez que lo vas a ver y me volvió a cubrir. Caminamos por el patio hasta que sentí que abrieron la puerta del van; el mismo que nos trajo. Me empujó hacia dentro y cerró la puerta. Allí estaban Mario y Jesús. El van no estaba tan oscuro porque era de día y se filtraba la claridad por las aspilleras. Mario me hizo una seña que entendí perfectamente, era que esperara a que el van partiera. Cuando arrancó, que iba cogiendo velocidad, le caímos a Jesús encima a un tiempo. Lo cogí por el cuello con la izquierda y con la derecha le aporreé la cara. Mario lo agarró por los testículos y me dijo que tiró para arrancárselos. A los gritos de Jesús y el pataleo, dio un frenazo el van y vinieron corriendo, uno de los guardias pistola en mano y lo sacaron. El carro continuó y Mario y yo quedamos en silencio. Al fin se detuvo. Cuando abrieron la puerta y nos bajaron, vimos que estábamos nuevamente en el patio del G-2. Uno de los guardias dijo que ahora, encima de las acusaciones que pendían sobre nosotros, teníamos también la de desfiguración de rostro. Me llevaron otra vez para la Galera 7. Caminaba como un sonámbulo, con los zapatos en la mano extrañado de ver la luz del día.

Cuando entré en la galera, todos se me quedaron mirando como a un extraño. El Gallego fue el primero que reaccionó. Pero Máximo, dijo: ¿qué te han hecho?... no te conocía. Me puso el brazo por los hombros y me condujo a la esquina donde había unas colchonetas que estaban dobladas. De pronto se irguió amenazante, se dirigió a los dos milicianos y les dijo: "vean hijos de putas, vean lo que ustedes defienden". Entonces se sentó a mi lado y pidió que me trajeran agua. Sentía una emoción muy intensa por dentro; me parecía que había llegado a mi casa, con mi familia y no sentía las llagas que tenía por dentro de la boca ni los labios cuarteados y resecos, ni las quemaduras que tenía en el cuello, ni los pies hinchados: me parecía que volvía a la vida. Entonces me desmoroné y empecé a llorar.

Como a los dos días vi a Jesús que merodeaba por el patio; prueba más que suficiente de que era un colaborador del G-2. Se le veían los hematomas en la cara. Cuando llegué a la Cabaña y tuve la primera visita, mamá me contó de las veces que fue este tipejo a la finca, acompañado por militares fungiendo él de jefe. La interrogaba y la amenazaba con que me iban a fusilar si no decía donde escondíamos las armas. Mamá le entregó voluntariamente una escopeta vieja calibre 16 que había en la casa y un rifle calibre 22 de una bala. Hicieron varias excavaciones. Para no mencionar más a este engendro, a este bochorno para la especie humana, diré que años más tarde supe que murió envenenado con mata ratas en el CASTILLO DEL PRINCIPE. Como todo el que anda haciendo mal, un día le llegó la de él. Cayó preso, esta vez de verdad y parece que uno de los tantos enemigos que dejó a su paso, le pasó la cuenta. Mario, que siempre le estuvo siguiendo los pasos, supo esto por vía directa.

A través del enfermero, volví a saber de papá; continuaba en la misma galera.

Un día trajeron unas cuchillas para que nos afeitáramos; no

41

me afeitaba desde que caí preso. El afeitarse fue un martirio, con aquella barba larga y aquellas cuchillas fabricadas en Cuba, que le llamaban "Rey Plata" que hacían saltar las lágrimas.

Por la noche nos llamaron a mí y a varios más, nos formaron en el patio y nos montaron en unos camiones militares, cubiertos con lonas por los costados: nos trasladaban.

LA CABAÑA

Los camiones salieron del G-2 bastante avanzada la noche. Llegamos a La Cabaña que era lo que suponíamos. Allí nos pusieron en fila india y fuimos entrando uno a uno a la oficina. Solo pedían el nombre. Había un montón de ropa beige de la que usaba el ejército de Batista. Dijeron que cogiéramos un pantalón y una camisa sin estar escogiendo tallas. El pantalón tenía una "P" pintada de negro en cada pierna por el lado y la camisa una en la espalda. Aquella ropa causaba un poco de impresión porque había pertenecido al ejército y a los que estuvimos en contra de Batista, nos parecía como una ironía de la vida el vernos obligados a usarla, ¡quién iba a pensar que esta ropa representaría un día el símbolo de la resistencia contra el régimen y que costaría sangre y golpes el tratar de no desprenderse de ella!

Nos fueron ubicando por las distintas Galeras. Me tocó la 8. Un guardia me condujo junto con otros más, abrió la reja, entramos y nos dejó allí. La Galera estaba en penumbras; solo había un bombillo colgado en el techo, por el centro. A lo que se podía ver, no había donde poner los pies. A lo largo del pasillo que era como de cuarenta metros y entre las literas, que las había hasta de cuatro pisos pegadas al techo, todo eran cuerpos tendidos. Me senté en el piso junto a la puerta, con los pies encogidos. Por la madrugada se levantó un muchacho que dormía en una litera y me dijo: "Acuéstate aquí que

43

yo voy a trabajar en la cocina". Nunca olvidaré aquel gesto de solidaridad. El muchacho se llamaba Germán; fuimos buenos amigos. Amaneció. Vinieron dos guardias y dijeron que cubriéramos para el recuento. Estas cuatro palabras, "cubre para el recuento", me iban a perseguir como la sombra... dos veces al día hasta que cumplí mi condena. Terminaron con mi galera y continuaron con las otras, eran diez en total. Después abrieron las rejas y salimos todos al patio. Me sentía contento; había mejorado en cuanto a encierro se refiere, ahora podía caminar, estirar las piernas y coger sol. Caminé buscando conocidos y encontré varios, entre ellos a Modesto López, un señor de Cayajabos, una zona que quedaba cerca de mi pueblo. Él no me conocía personalmente, pero yo sí a él. Le dije de quién era hijo y me abrazó. Me llevó para su galera y me aprovisionó con todo lo que pudo: pasta, cepillo, jabón y una toalla. Hacía un mes que no me cepillaba los dientes. Estas son deudas eternas. Le cogí mucho afecto a Modesto; lo visitaba cada vez que podía y hablaba mucho con él; a veces se ponía triste porque ya estaba viejo. En la detención de este hombre se podía ver la envidia, la codicia y los fines oscuros de la revolución. No estaba preso porque había cometido algún delito; ni por conspiración, que de eso no conocía ni el nombre; estaba preso porque tenía bienes de fortuna, porque a base de trabajo y tesón, había levantado una buena hacienda y sabían que hacerlo aparecer como enemigo de la revolución era pretexto para quitársela. Como ya él llevaba tiempo allí y sabía los mecanismos, enseguida le mandó un telegrama a la familia para que le avisara a mamá que yo estaba con él. Nuestras familias se hicieron muy amigas y viajaban algunas veces juntas a las visitas.

La Cabaña es una fortaleza construida por los españoles

desde el tiempo de la conquista. Está enclavada cerca de la entrada de la bahía de La Habana, igual que el Castillo del Morro, para defender la ciudad de los ataques de los piratas. Estas fortalezas eran inexpugnables para aquella época. La Cabaña tenía un foso profundo por la parte de atrás con un puente levadizo para controlar el acceso a ella. Consta de muchas galeras, todas en forma abovedada, como si fuera un tubo muy grande cortado por la mitad. Tienen una puerta al frente que da al patio y al fondo una doble reja que da al foso y en el techo una sola claraboya; las paredes son muy gruesas y no hay casi ventilación. La parte de La Cabaña que me tocó habitar, porque tiene otras que no conozco, forma como una escuadra. Pasando la puerta principal, a la derecha, está el botiquín, después la cocina y en la esquina las galeras 16 y 17. Por el otro brazo de la escuadra está el comedor y las galeras de la 14 a la 7. En el patio, más cerca de la pared que da frente a las galeras, había una cerca con techo de un extremo a otro, que era para las visitas. La cerca tenía bancos por cada lado, para los familiares y para nosotros.

Tuve la primera visita, que eran por galeras. Vinieron mamá y mi hermana. El encuentro fue desgarrador. Mamá estaba muy delgadita, creo que no había comido más, ella que era de poco comer. Lloraba y le temblaban las manos. Me dijo que a papá lo habían soltado y que llegó muy delgado y enfermo. Cogió hongos en sus partes. Me dijo del asedio a la finca y me hizo jurarle por ella que todo eso de las armas no era cierto. Mi hermana lloraba y no me quitaba los ojos de encima. ¡Mi fiel hermana, que después pasó los nueve años corriendo detrás de mí por todas las prisiones! Mamá estaba alarmada por mi flaquencia. Le dije que eso era porque en el G-2, daban muy poca comida, pero que aquí era distinto. Ahí empezaron mis mentiras piadosas para con mamá. Mi hermana estaba indignada por el registro que le hicieron en la puerta, dijo que una miliciana la llevó a un cuarto y le hizo oprobios. Después supe de los excesos de esta miliciana, que se llamaba Mirta y del celo con que cumplía su trabajo.

Me trajeron todo lo que dejaban pasar: ropa interior, ropa de cama, comida cocinada para el día, leche en polvo, chocolate y gofio y me pusieron dinero en una cuenta para que gastara en una bodeguita que cuando aquello había en el patio que vendía algunas chucherías para comer.

Empezó la rutina: recuento por la mañana, desayuno: un poquito de café aguado con un panecito. El almuerzo a las diez de la mañana, casi inmediatamente después del desayuno: un caldo verde y amargo que le decían "Guanina" y un pedazo de plátano verde sancochado. Comida a las tres de la tarde: un poquito de arroz y carne rusa enlatada o pato búlgaro y así, por los siglos de los siglos…amén.

Cuando la cosa estaba tranquila, nos dejaban en el patio hasta el oscurecer que nos encerraban para hacer el recuento y de ahí hasta por la mañana. Lo único que alteraba colectivamente aquella monotonía, era la llamada para los juicios. Dos o tres veces a la semana celebraban juicios en lo que llamaban: "El Tribunal Revolucionario de La Cabaña". La mayoría de los que estábamos allí, estábamos pendiente a juicios. A los condenados los sacaban enseguida para las cárceles. Para los juicios llamaban los nombres por el parlante, a veces para el mismo día y otras para el día siguiente, que era lo peor, porque ya sabía el infeliz que esa noche no iba a dormir. Esta espera por los juicios era un destrozo de nervios para los que se sabían con problemas, porque las condenas y principalmente las condenas a muerte, dependían de cómo estuviera la situación en el país. Si en esos días había ocurrido algún sabotaje o algún intento de atentado a algún dirigente de la revolución, alguien salía condenado a paredón; no importaba la magnitud del delito, lo importante era que se supiera que fusilaban: implantar el terror. Yo por supuesto estaba asustado; con el alma en vilo, con aquellas acusaciones y aquel muerto que me endilgaban. Para colmo, un día oí en el patio que alguien decía que el que pasaba por la cabañitas lo fusilaban, para que no divulgara lo que había sufrido allí. Como yo, conocí a varios. Había un muchacho que se llamaba Enrique Nogueira y Nieves, que le decían "El Pavo". Ese no se bañó y peinó más nunca. Andaba por el patio caminando, siempre mirando al piso con una toalla sucia enredada en el cuello y con el pelo parado. Hice amistad con él: era muy simpático. En los momentos que se olvidaba un poco de sus problemas, hacia cuentos como para morirse de risa. Hablaba de que tenía un amigo que era piloto en Cubana de Aviación. En los tiempos antes de la revolución, se podía viajar a Estados Unidos sin visa, con estancia solamente de un mes. Él se metía en la cabina con el amigo y viajaba gratis. Dice que una vez se quedó en Estados Unidos, para pasar el mes trabajando y ganar algunos dólares. Consiguió trabajo en un restaurant como *utility*, limpiando pisos y fregando platos. En el restaurant trabajaba una muchacha que se apegó mucho a él; tenía obsesión por aprender español. Cada objeto que pasaba por sus manos, le preguntaba a Henry, que así le decía ella y tomaba notas en una libreta del nombre en español. Un día le preguntó, señalando una copa que tenía en las manos: *"Henry, what is this?"* y él que estaba obstinado le dijo: "Morronga chica,

47

morronga". La muchacha dijo: ¿moronga? y él le gritó: "moronga nó, morronga". A los pocos días entró un grupo de personas a comer, casi todas mayores y se veía que eran cubanos. Pidieron vino y la muchacha se lo llevó. Estando al lado de la mesa, levantó una copa y en alta voz, como presumiendo de su español, gritó: *"Henry, ¡give me morronga please!"*. Los cubanos se volvieron enseguida mirando a Henry con una mirada severa. Dice el Pavo que no sabía dónde meterse. Y así eran sus cuentos; chispeantes. Un día le pregunté que por qué no se bañaba y se arreglaba y me dijo: "¿para qué?, si a mí me van a fusilar." Le pregunté: "¿Por qué estás tan seguro?" y me contestó que a él lo habían cogido con una bomba. Dijo que vino por la noche tarde para ponerla en la casa de "Los Tres Kilos", una tienda que había en Belascoaín y Reina, y que lo sorprendió la policía; él para deshacerse de la evidencia, le dijo a una señora que venía pasando: "Señora, téngame este paquetico aquí un momento por favor", pero la policía se dio cuenta. Al Pavo, al fin lo condenaron a 30 años; cuando entró al patio que venía del juicio, era otra persona: me libré del palo, decía. El palo era el poste al que ataban a los presos en el paredón. Por los años de condena nadie se preocupaba. ¿Quién iba a pensar que el comunismo iba a durar tanto como para tener que cumplirlos?

Otro que estaba en la misma situación era José Antonio Muiño. Un día estaba yo en el patio conversando con un amigo; le contaba de Las Cabañitas y del almanaque con rayitas hecho en la moldura del closet. Él pasaba y escuchó lo del almanaque. Después se me acercó y me dijo que quería hablar conmigo. Nos apartamos a un lugar despejado. Me dijo: "Yo fui quien hizo ese almanaque" y me contó todo. Le inspiré confianza porque había pasado por lo mismo que él. Era teniente del Ejército Rebelde en la base de San Julián, en Pinar del Río. Era dentista. Estaba conspirando contra la revolución y tenía conexiones con la CIA, en Estados Unidos. Le habían grabado una conversación. Estaba convencido que lo iban a fusilar. Hice una buena amistad con este hombre; se le sentían unas cualidades extraordinarias: era sincero y transparente. Parecía un norteamericano: alto, delgado, rubio con los ojos azules y se peinaba al lado. Me habló de su decepción con la revolución; él no podía ser comunista, decía. Me habló de su esposa y sus hijas. Un día coincidimos en la visita y me la presentó: era una señora bajita y delgada; las dos niñas de cuatro y siete años parecían dos ángeles. A Muiño lo fusilaron. ¡Cómo lo sufrí! Un día lo llevaron a juicio y no regresó al patio; me quedé esperándolo a la entrada. A los que condenaban a muerte, de regreso del juicio, los metían ya directamente en la capilla, que eran unos calabozos que había detrás de la oficina. Siempre los fusilaban esa misma noche, ya tarde en la madrugada. No sé cuantos cientos o miles hicieron escala en estas capillas rumbo al paredón. El paredón estaba en el foso que estaba detrás de las galeras, hacia el final, cerca de las galeras 16 y 17. Estaba cerca de un puente. Lo vi cuando me llevaron a encausar. Había una escalera estrecha y muy pendiente y en el fondo un poste al que ataban al condenado. Cuando había silencio se escuchaba el trueno de los fusiles del pelotón y más tarde el solitario y escalofriante tiro de gracia. En las galeras 16 y 17, aunque no se veía nada, se escuchaba todo. Cómo gritaba el preso antes de recibir la descarga: "¡viva Cristo rey!... ¡Abajo el comunismo!". Se escuchaba también la algarabía, las consignas y las risas de las mujeres que venían a presenciar el fusilamiento; como un festín de hienas. Aquello era el coliseo de Roma Cubano.

Había también con nosotros un muchacho que todos temíamos por su vida: le decíamos "Tony el Cojito". Era rubio, tenía unos 22 años y le faltaba la pierna izquierda por encima de la rodilla. Andaba como si nada; era inquieto. Se metía en todas las galeras y trotaba por el patio con aquellas muletas que daba gracia verlo y no tenía preocupaciones ni temor. Le habían amputado la pierna porque tuvo un encuentro con la policía, hubo disparos y uno le alcanzó la pierna. Él decía que se la amputaron por venganza. A Tony lo llevaron a juicio y no regresó. Después se hablaba en el patio, que un guardia dijo que a Tony, cuando lo llevaron a fusilar, lo pararon en lo alto de la escalera, le quitaron las muletas y lo empujaron escaleras abajo. Se dicen horrores de este paredón que algún día se podrán comprobar. Dicen que a muchos presos les sacaban la sangre antes de fusilarlos.

Yo por mi parte vivía entre el miedo y la esperanza; era muy optimista. Me entregaba a las ilusiones porque eso me ayudaba. Siempre andaba detrás de las noticias, "Las Bolas", como se decía. Y como no faltaban, porque constantemente había visitas en las distintas galeras y los familiares las traían, pues me alimentaba con eso: que si "La Voz de las Américas dijo; que si la OEA expulsó a Cuba; que si Estados Unidos iba a bloquear a Cuba", todo eso me sostenía. Había unas personalidades en La Cabaña, que por sus años y las posiciones que ocuparon en gobiernos anteriores eran dignas de crédito. Estaba el doctor Joaquín Martínez Sáenz, que fue presidente del Banco Nacional en el gobierno de Batista. Estaba el comandante de la sierra, Sánchez Amaya, que también era abogado. Había ex ministros y otros más que no recuerdo. Estos señores se reunían por las tardes en el fondo de la galera 7, que era la que más lejos quedaba de la dirección y hacían como una mesa redonda, donde cada uno emitía sus opiniones. ¡Qué razonamientos más lógicos! Cuando terminaban, salía yo de allí caminando por el aire. Una noche que había luna llena, dijeron que era la noche propicia para un desembarco de paracaidistas: esa noche me acosté con los zapatos puestos y creo que no dormí.

Ya me había acomodado porque se llevaban gente en los traslados y conseguí una litera. Estaba ubicada en el mejor espacio de la galera, en el centro, lejos de la pestilencia del baño y bajo la única claraboya.

Hice cooperativa con un grupo de muchachos. Esta palabra, "cooperativa", nunca la había escuchado. Después, Cuba se llenó de cooperativas agrícolas, siguiendo el modelo soviético, que pretendía que los bienes que se producen, deben ser repartidos entre los participantes a partes iguales, lo que es una utopía y no funciona, porque los seres humanos no somos iguales y el que es más trabajador y lucha más no tiene por qué compartir lo suyo con el que no trabaja.

En la prisión sí tiene sentido esta cooperativa, porque ayuda a la subsistencia. La cooperativa impone un orden; una racionalización. Se hacía una despensa común con lo que recibía cada uno: (leche en polvo, gofio, etc.) que unas veces era menos y otras más, en dependencia de lo que consiguiera la familia. Lo inventariábamos por cucharadas, se tomaba en cuenta el tiempo de una visita a otra y se sacaba la cuenta de cuantas cucharadas tocábamos por persona cada día; era religioso para nosotros servirnos la cuota con honradez, aunque nadie estuviese presente. La cooperativa la componíamos ocho personas: Antonio Domínguez, Israel Barrios Vidal, Raúl Báez Landín, Pedro Silva Gil, Suarez, Roberto Ramírez, Epifanio

Padrón y yo. Pasamos muchos meses juntos, y nos queríamos como hermanos. A la cooperativa nuestra le llamaban: "El Cinche".

En la galera, después que nos encerraban para el recuento, hasta que mandaban a dormir a las nueve, había que matar el tiempo. Se jugaba ajedrez, damas y se leía. Vivía en nuestra galera un señor que se llamaba Antonio María Rivero y Díaz. Era un negro viejo, ya canoso, que tenía mala la vista. Usaba unos espejuelos muy gruesos. Era un pastor Bautista; para leer la biblia, tenía que acercársela mucho a los ojos. Conocí a muchos hombres buenos en la prisión y de muchos merecimientos, pero Rivero era el hombre más bueno que he conocido en mi vida. Rivero era un santo. Cuando había epidemia de gripe, que era frecuente por el hacinamiento en que vivíamos y la falta de higiene, Rivero salía por las galeras colectando limones y aspirinas: hacía un cocimiento y le llevaba un poquito a cada enfermo con su pastilla. Pasado el tiempo, ya en la Isla, cuando estábamos sometidos al plan de trabajos forzados "Camilo Cienfuegos", llegó Rivero. No lo pusieron a trabajar porque estaba muy viejo y casi ciego, pero él decía que de alguna manera tenía que compartir nuestros sufrimientos y se pasaba el fin de semana lavándoles la ropa a los presos, para que descansaran. Venía a la celda, recogía la ropa sucia y por la tarde la traía limpia y seca. Rivero, como dije, daba el culto todas las noches. También daba charlas a modo de enseñanza y entretenimiento. Había sido marinero y tenía un pedazo de soga y hacía demostraciones de cómo hacer nudos y lazos. Hacía infinidad de ellos. Yo que me crié en el campo y había visto la destreza de papá en esos quehaceres, no había visto cosa igual. También tenía conocimientos de bombero. Un día se puso a dar una conferencia de cómo se apagaba un fuego. Saltó por allá uno que era medio chiflado y le dijo: "¿Rivero, usted sabe cómo se apaga el fuego uterino? ... Voló Rivero y lo cogió por el cuello y si no interceden lo mata. El muchacho estaba después que no sabía dónde meterse. Al fin hicieron una comisión y lo trajeron a su presencia, para que se disculpara. Una vez mientras decía el culto, pasó un guardia y lo vio; entró a la galera y le dijo que tenía que entregarle la biblia: él por supuesto se negó rotundamente. La Biblia era su tesoro. El guardia lo llevó para la dirección; lo castigaron un mes en capilla. Cuando regresó, que entró a la galera, daba pena verlo, sin camisa como se lo llevaron, con la piel opaca y cenicienta de tantos días en la oscuridad, caminaba encorvado, envejecido y lento.

Yo seguía yendo por las tardes a oír las charlas de aquellos politólogos. Un día dijeron que no iban a continuar en eso porque era peligroso y con lo poco que le quedaba al sistema, daba lo mismo. Se lo comenté a Pedro Silva, mi socio de la cooperativa y me dijo: "Chico, no seas tan verraco, aquí hay comunismo para treinta o cuarenta años más." Ese Pedro era el cristiano más negativo que había conocido en la vida. No me gustaba hablar de política con él, porque me ponía el ánimo por el piso. Total que fue Pedro el único que tuvo la razón, que vio lejos.

En las prisiones hay muchas peleas. El preso siempre está irascible, mal humorado, con la fiera bajo la piel y el hambre azuza estos estados de ánimo. Cuando tropiezan dos que llevan las mismas cargas emocionales por dentro, ahí viene la explosión. En La Cabaña había varias peleas a la semana; los compañeros se interponían y controlaban a los contendientes.

Parece que esto llegó a conocimiento del jefe de la prisión que se llamaba Peraza. Un día llamó a los jefes de galera y les dijo que a partir de ese momento, no se podía intervenir en las peleas. Los que pelearan tenían que terminar con un vencedor y un vencido. Cada jefe de galera le comunicó a su personal la orden que había dado la dirección. A los pocos días se produjo la primera. Fue entre un negro que se llamaba Pineda y un blanco llamado Luisito. Pineda era el jefe de la cocina, ex-militar del gobierno de Batista; prepotente y déspota y un pederasta despreciable que vivía aparte en la cocina y tenía un "mariquita" que vivía con él. —Practicaba ejercicios y se la pasaba sin camisa exhibiendo los músculos—. Luisito era barbero en la galera catorce, era alto y había sido grueso pero había perdido mucho peso y se le veía macilento. La pelea empezó en medio del patio; nunca supe por qué. Cuando nos dimos cuenta, estaban en el suelo dándose golpes.

Rápidamente se hizo un ruedo amplio; se sabía que tendríamos espectáculo porque nadie podía entrometerse. La gente empezó a darle hurras a Luisito; todos le tenían mala voluntad a Pineda, porque encima de ser tan antipático, le echaban la culpa de todo lo que pasaba con la comida. Si poquita: "culpa del negro Pineda". Si mala: "culpa de Pineda"... y así hasta lo infinito. Todos querían que Luisito tomara venganza por nosotros y Luisito respondía. Le bailaba con estilo de boxeador delante y cuando se descuidaba le propinaba un derechazo en la cara. Pineda quería pelear sucio, porque se daba cuenta que a puños no podía. Se abalanzaba para tumbarlo, pero Luisito se le escurría y lo paraba con otra derecha. Pineda bufaba como un toro de lidia. Sangraban los dos, pero a Luisito se le veía fresco, mientras que Pineda estaba agotado. Todos los presos salieron al patio a presenciar y los guardias parados en el muro encima de las galeras, azuzándolos. Fue una pelea larga y sangrienta y un espectáculo como para recordarlo y hablar de él por muchos días. A Pineda le sangraba la nariz copiosamente, al final alzó los brazos y dijo: "basta". Los presos pasearon en brazos a Luisito por el patio. Los que presenciaron aquello, ya sabían que había que llegar hasta el final y vencer, de lo contrario, afrontar la misma humillación que sufrió Pineda. Me trasladaron de La Cabaña y no hubo más peleas, lo que prueba, que cuando se lo propone, el ser humano logra controlar sus impulsos.

Seguía teniendo visita una vez al mes. En una ocasión llegó mamá de lo más preocupada preguntándome qué me pasaba a mí en el cuerpo, que las sábanas que llevaba para lavar iban tan manchadas de sangre. No encontré evasivas: tuve que decirle la verdad; que las manchas de sangre eran de las chinches que se reventaban cuando me daba vueltas en la colchoneta. ¡Cómo le dolió eso! "Te están comiendo vivo hijo", me dijo. Y era verdad, las chinches le chupaban la poca sangre que le quedaba a uno después de tan mala alimentación. Una vez empecé a sentir una picazón en la barriga, debajo del ombligo; no era constante pero sí a menudo; me rascaba y me miraba y siempre tenía esa parte roja; ya medio hinchada, hasta que un día descubrí que era un nido de chinches que tenía en el cinto, en el dobles que hace la correa para sostener la hebilla.

Le dije a mamá que me trajera un mosquitero personal; era la única defensa contra ellas. Se metía la parte de abajo del mosquitero entre la sábana y la colchoneta y así no podían entrar. Por la noche se veían caminando por el mosquitero, en fila india, como una caravana.

En otra ocasión mamá me dijo que me había nombrado un abogado; protesté porque sabía que era votar el dinero. Los abogados son para los sistemas democráticos, donde el ciudadano tiene el derecho a la defensa; pero con el comunismo, no hay abogado que valga. Si lo aceptaban era para darle a los juicios apariencias de legalidad: pero hasta ahí. Ya sabían ellos el papel que tenían que desempeñar. Hubo abogados que salieron presos ellos también del tribunal por defender con valentía a un acusado. Mamá me dijo que el abogado se apellidaba "Cebreco", ¡Válgame Dios! Ya había oído cuentos del tal Cebreco. Él se vanagloriaba que era nieto del General que peleó en la guerra de independencia. Dicen que cuando llegaba al tribunal a defender a alguien y veía que no estaba la bandera cubana, preguntaba en alta voz, dirigiéndose al tribunal: "¿Dónde está la bandera del general Cebreco?" Y se volvía al público y hacía la misma pregunta. Los del tribunal tenían que reírse de sus payasadas. No quise decirle nada de esto a mamá, para no matarle las ilusiones; por lo menos tenía el consuelo de que estaban pagando un abogado para que me defendiera.

Un día me llamaron por el parlante, cosa que le sacaba un susto a cualquiera, porque nunca era para nada bueno. Era para entrevistarme con el abogado. Me mandaron a sentarme como si fuese a recibir visita. Entró él. Era un mulato alto y usaba traje beige a la usanza del Benny Moré, con el saco muy largo; creo que era el único que tenía porque siempre se lo vi puesto. Me dijo que con él podía tener confianza, que le dijera toda la verdad para poder defenderme mejor. Le dije que no tenía que decirle ninguna verdad porque todo de lo que me acusaban era mentira; que lo que sí quería que me averiguara, cuando iba a ser el juicio. Me dijo que el juicio demoraba y que cuando fijaran la fecha, él me avisaría. Esto sí que se lo agradecí, porque por el momento, podía dormir más tranquilo.

Ahora voy a hablar de las requisas; otra palabra que también vine a conocer en la prisión y cuya práctica era tan temida por todos los presos. Muy pocas, o ninguna, vi que la hicieran con el propósito solamente de buscar y recoger algo que a los presos no les fuese permitido tener; como cualquier tipo de armas, o seguetas para cortar barrotes, o radios cuando eran prohibidos. Las requisas las hacían siempre con el deliberado propósito de hacer daño, de destrozar, de humillar, de vengarse y de saciar los instintos criminales que tenían; para ellos era como un festín. En La Cabaña las hacían por galeras. Llegaba corriendo un pelotón de guardias y se abalanzaban sobre la designada; abrían las rejas y entraban dando gritos y empujones y nos hacían salir atropelladamente. El que se rezagaba cogía su planazo, nos pasaban a la parte del patio donde entraba la familia para la visita y comenzaban ellos su orgía. Tardaban horas y nosotros cada uno pensando qué suerte correrían los poquitos valores que teníamos. Muchas veces hacían las requisas al otro día de la visita y nos tocaba a nosotros contemplar con impotencia, cómo traían carretillas y se las llevaban llenas de paquetes de leche en polvo y gofio y las cosas que había traído la familia, la mayoría de las veces, privándose de ellas. Cuando terminaban nos mandaban a entrar. Cada uno corría a su litera o espacio, ansioso por saber qué se había salvado. Siempre nos esperaba un cuadro triste y descorazonador: la colchoneta en el piso a veces con huecos de bayonetazos, los poquitos alimentos regados, porque lo que no se llevaban, lo rompían, algún libro tirado y se quedaba uno allí parado, congelado, contemplando aquel estropicio y se preguntaba: "¿Por qué tanto abuso?; ¿Por qué esa sevicia? .." y se contestaba: porque son malos, porque son unos frustrados y unos desalmados y algún día la van a pagar, y empezaba la mente a elucubrar venganzas; — el poder vengarse era lo que lo sostenía a uno—. No ha habido preso que en algún momento no haya sentido ganas de matar, de descuartizar y de imaginar cuadros sangrientos y regodearse en ellos. El preso llega a albergar un odio muy grande, tan grande, que no le cabe dentro; un odio que va creciendo de a poquito, con cada golpe recibido, con cada humillación, con cada noche sin poder dormir por el hambre y la quemazón en las tripas. Pero el tiempo ha hecho su obra y creo que de aquel fuego infernal que ardía dentro de nosotros ya no queda ni el rescoldo. ¡Gracias a Dios!

Estos acontecimientos alteraban la vida de un día y dejaban huellas; pero el otro te arrastraba de nuevo al mismo carril; al de tratar de sobrevivir, a pesar del hambre, al de matar el tiempo empleándote en algo. Se hacían muchos trabajos manuales. Maravillaba ver un anillo construido de una peseta —la moneda cubana de veinte centavos, que las había de plata—. Otros leían libros. Yo veía a la gente leyendo y me parecía cosa de personas calmudas, de poca sangre. Esa paciencia, tantas horas en la misma posición. Jamás había leído un libro completo, solamente consultado los textos cuando estudiaba en la escuela de Artes y Oficios.

Un día le dije a un amigo que me prestara un libro. Me prestó uno de Martí. Antes de alcanzármelo, lo abrió, buscó un capítulo y lo marcó con un papelito. "Empieza por ahí," me dijo. Me dirigí sin mucho entusiasmo a mi litera para ponerme a leer. De Martí sabía lo que nos enseñaron a todos los muchachos en la escuela: que era nuestro Apóstol, que fue quien organizó la guerra para liberarnos del yugo español, que era poeta y que había que amarlo y respetarlo. No había leído nada escrito por él. El artículo se titulaba: "El Presidio Político En Cuba". Comencé a leer. En la medida que me adentraba en aquel rio de palabras, sentía que me iban absorbiendo; como si me arrastrara la corriente. Denunciaba Martí ante el mundo, el oprobio que se vivía en las cárceles cubanas. Hablaba de un niño de 12 años que se llamaba Lino Figueredo que lo hacían trabajar en las canteras y que por las noches llamaba a mamita. Hablaba de cuando su padre lloró sobre las llagas que le habían hecho sus grilletes y, decía: "Y todavía yo no he aprendido a odiar". Hablaba de Nicolás Del Castillo, un negro de ochenta años que lo hacían trabajar a palos y decía: "Y ¿España quiere regenerarse?"… España no puede regenerarse: Castillo está ahí. ¡Qué testimonio más triste y más desgarrador! Y era lo mismo que estábamos viviendo otra vez los cubanos. En circunstancias distintas y en distinta época, pero igual. Ahora también había muchachos presos, casi niños y había mujeres y fusilaban y había un negro viejo y casi ciego que se llamaba Antonio María Rivero, que estaba castigado en la capilla porque se negó a entregar su Biblia.

Terminé de leer el artículo y me quedé tenso, con el libro sobre el pecho, pensando. ¡Qué hombre tan grande aquel y qué alma tan noble! —Todavía no sabía odiar—. Y sentí una admiración inmensa por él; sentí orgullo de ser cubano como él. Desde ese momento, hasta el día de hoy, me he sentido agradecido de Martí. Pienso que los cubanos le debemos mucho y yo en particular, porque me ayudó a llevar mi prisión. Cada vez que me sentía caído, con el día pobre, como decía un amigo, me metía en un libro suyo y sentía que me levantaba, que me daba oxígeno para continuar. A él también le agradezco mi afición por la lectura. En las prisiones siempre hubo bastante libros de él, porque aquellos ignorantes pensaban que era comunista, porque Fidel decía que él había sido el autor intelectual del Moncada y no los censuraban.

Foso de "La Cabaña"

El 23 de mayo de 1962, es una fecha que nadie que estuvo en La Cabaña ese día, podrá olvidar jamás. A lo largo de toda la trayectoria que hemos vivido los presos cubanos, ocurrieron miles de sucesos que se van a recordar siempre; pero cuando lo sucedido se graba en la memoria con todo y fecha, es porque llegó muy dentro.

En La Cabaña convivimos en esa época, alrededor de dos mil presos. Ya recalqué anteriormente, que había personalidades, entre las que mencioné, al doctor Joaquín Martínez Sáenz, que fue presidente del Banco Nacional de Cuba. Pues este señor Martínez Sáenz, tuvo el cinismo y la osadía, de prestarse para crear, dentro de la propia prisión, en el comedor, una escuela donde se impartían clases de Marxismo Leninismo. Se daba a la tarea —por directrices de la dirección del penal, por supuesto— de reclutar adeptos para las clases, prometiéndoles que iban a recibir más visitas y que esa actitud se la tendrían en cuenta cuando le celebraran juicio. Es verdad que el ser humano tiene derecho a pensar y actuar libremente y por defender ese derecho, estábamos nosotros allí. Pero también tiene el deber de respetar el entorno en que vive. ¿Cómo los presos podían aceptar pasivamente aquella ofensa, aquel desafío? Las clases eran por las tardes, después de cada comida, cuando se desocupaba el comedor. El resto del personal permanecía en el patio, hasta tanto mandaran entrar a la galera para efectuar el recuento.

Una tarde, mientras estudiaban a Lenin y a Marx, un estudiante recibió una pedrada. Fue una acción irresponsable y un acto de cobardía, escudarse en el grupo para lanzar la piedra; pero de esa mala acción, del golpe recibido por el estudiante y de todo lo que sucedió aquella noche, el único culpable fue Martínez Sáenz; por dejar de ser hombre, por mal cubano y por ofender la memoria de los que casi todas las noches, a unos escasos cincuenta metros de allí, eran fusilados gritando: "Abajo el comunismo".

No pasaron veinte minutos cuando apareció en el patio una ola verde olivo, medio centenar de guardias dando golpes con las bayonetas y gritando que entráramos para las galeras. Fue una estampida. Todos corrimos hasta refugiarnos en las galeras. Hubo quien no pudo alcanzar la suya y penetró en otra.

Cerraron todas las rejas, vino una tensa calma, entonces fue cuando comenzó la cacería. Empezaron por la galera 17. Mandaban a poner los hombres en posición de recuento; en fila a un lado y otro del pasillo. Entraron varios guardias acompañados por dos presos. Estos dos judas, iban caminando delante, lentamente, escrutando cada rostro, hasta que señalaban a alguien como posible culpable; enseguida era sacado e iba recibiendo golpes por entre las filas de guardias, hasta que lo arrojaban por la puerta de salida, donde ya no se veía más, ni sabíamos más de él. Desde la puerta de cada galera podíamos contemplar nosotros aquel triste y macabro espectáculo. Fueron horas tensas y torturantes. Venían galera por galera. Cuando llegaron a la 12 o a la 11, no recuerdo exactamente, sacaron a Ismaelito Hernández Sarduy, particularmente amigo mío y de mi grupo. Se ensañaron con él; le cayeron muchos guardias encima y le daban patadas y culatazos. Ismaelito estuvo entre la vida y la muerte; le fracturaron varias costillas, la clavícula y un brazo.

He dicho antes que nosotros conformábamos un grupo de ocho, que además de compartir los alimentos nos llevábamos como hermanos. Ante lo que se avecinaba, como estábamos viendo que sacaban al azar, nos reunimos y decidimos que cuando le tocara a nuestra galera, si sacaban a alguno de nosotros, íbamos a salir los ocho; era inmolarse... una locura. Al fin nos tocó el turno. Vino primero un guardia y gritó que formáramos. Abrieron la puerta y entraron los dos judas con los guardias detrás. Eran uno que le decían "El Portugués" y otro que le decían "Girón"; dos miserables que se les veía solos en el patio, sin amigos. Caminaban lentamente, paseando la mirada por cada cuerpo. Nosotros en fila continúa... tensos. No sacaron a nadie de nuestra galera y no recuerdo si a alguien de la galera 7 que era la última.

Quince o veinte hombres masacrados por una sola pedrada; un mes de castigo sin salir de las galeras, solamente para las comidas; éste fue el saldo que dejó la escuela de Marxismo de Martínez Sáenz. Si todavía le quedaba alguna pizca de dignidad en el alma a este hombre el día que murió, debe haber ido abochornado para la tumba.

Al otro día cuando amaneció, se veían en el patio cientos de chancletas de madera que todos soltamos para poder correr más rápido.

A esta noche del 23 de mayo de 1962, se la bautizó como: "La Noche De San Bartolomé". Así llamada en Francia la noche de la quema de brujas en la época de la Inquisición.

En toda ocasión en que el ser humano tenga que compartir la vida en grupo y por largo tiempo, ya sea en prisión, o en pueblos pequeños donde todos se conocen, va a recordar después a personas que descollaban por encima de los demás. La prisión de La Cabaña, no fue una excepción en esta regla; por allí pasaron personalidades que se recuerdan y que son dignas de mención.

Estaba Televilla, el cartero. Era una persona querida por todos los presos, tal vez porque era el vínculo entre ellos y la familia; el que traía en sus manos el telegrama o la carta tan esperada. Televilla tenía una memoria asombrosa; nos conocía a casi todos por el nombre. Por su condición de cartero, tenía obligatoriamente que estar relacionado con la dirección. Iba a la oficina a recoger la correspondencia y a clasificarla por galeras. Los guardias lo trataban con cierta deferencia, cosa que él aprovechaba en favor de nosotros. Cuando estábamos castigados, que no nos dejaban salir de las galeras, le decía al guardia que lo sacara para recoger la correspondencia que nosotros enviábamos y entonces se prestaba para encomiendas y pasar recados. En muchas ocasiones intervino con el guardia por presos que cometían faltas pequeñas. —Da satisfacción recordar a Televilla—.

También estaba el poeta Lalo Cámara— Osvaldo Cámara Pérez—. Lalo fue un hombre íntegro y un preso político de una trayectoria intachable y un gran poeta. En el género de la décima, uno entre los mejores de Cuba. Estando en la Cabaña hizo trabajos maravillosos: le cantó a los hijos, a la esposa y al padre cuando murió. Estas composiciones nos tocaban las fibras a nosotros, porque el preso tiene siempre la sensibilidad a flor de piel. También le cantó al gorrión. En La Cabaña había millares de gorriones, mansitos, que revoloteaban entre los presos, también hambrientos como nosotros.

Le decía al Gorrión:

Cuando sobre los oscuros
techos del presidio vuelas
para ti los centinelas
no son ásperos ni duros.
Por encima de los muros
cruzas moviendo las alas
y a mí, si busco a las malas
huir de este mundo estrecho
me sembrarán en el pecho
un ramillete de balas.

Y también le decía:

Tú puedes volver al nido
donde está la compañera
que enamorada te espera
cuidando al pichón dormido.
Esa dicha yo he perdido
por mantener ideales
y en estos antros fatales
vivo muriendo, gorrión,
ahora que mis hijos son
huérfanos provisionales.

Estas décimas al gorrión forman parte de la historia del presidio político cubano: son su patrimonio.

Después, en la Isla de Pinos, le cantó también a muchas de las tragedias que nos tocó vivir allí.

A Lalo se le debía nombrar "El poeta del presidio político".

Había otro poeta en La Cabaña: Emilio Castaño. Componía sonetos y declamaba las poesías que embelesaba oírlo. Por aquella época, el gobierno instauró el plan de rehabilitación en las prisiones. Este plan consistía en ofrecerle al preso una vía para alcanzar la libertad sometiéndose, decían ellos, a un proceso de desintoxicación y adoctrinamiento. Como primer paso, tenía el preso que firmar un documento donde renunciaba a sus ideales políticos; después, en la medida que tuviera una conducta positiva, iría viendo los resultados: mejor trato, mejor comida, más visitas, y al fin, ya neutro, le daban la libertad. Castaño se acogió al plan. A los pocos días oímos en el patio que había compuesto un poema que titulaba: "Compañera

Miliciana". Esto desagradó mucho a los presos. En adelante volveremos a hablar de Emilio Castaño. —Tan rico en su arte pero tan pobre de espíritu—.

En la Galera en que yo vivía había un viejito que se llamaba Juan Domínguez Domínguez. Era bajito, flaco y ágil como un gorrión. Siempre contento y dicharachero. Por las noches, cuando cerraban las galeras, trepaba a la litera más alta, cerca del bombillo y leía el periódico para todos; parecía un lector de tabaquería, con aquella voz aflautada. Se la pasaba diciendo que era dueño de un bar en Rancho Boyeros y siempre hablaba de que "cuando cogiera la calle" iba a "coger una nota" para la historia.

Un día vendieron perfume en la bodeguita; de esos que le decían "Siete Potencias". Todos compramos, aunque fuera para gastar el depósito, porque ya no vendían otra cosa. El perfume era alcohol puro, con una esencia. Vertieron un poco en un jarrito y cuando le acercaron un fósforo, prendió al instante, daba una llama verdosa. Juanito consiguió un jarro, exprimió unos limones, le echó un poco de azúcar y preparó una bebida con el perfume. Muchos le regalaron el suyo. Cogió una borrachera que por poco se muere. El guardia del recuento lo tuvo que contar dos o tres días acostado. Daba la impresión que estaba muerto, con un color blanco azuloso. Cuando se pudo levantar, el aliento le hedía a azufre. "Ahora sabemos por qué tú dices que eras dueño de un bar", le decían: "Porque te bebías todo lo que tenía adentro".

Estando yo todavía en La Cabaña, lo pusieron en libertad. Poco después supimos que había muerto. Seguro que no aguantó la "nota" histórica que iba a coger.

En el patio había un negro grande que le decían: "Mata Siete" (digo en el patio, porque era donde se le veía siempre). Venía de cumplir veinte años en el presidio común. Cuando le iban a dar la libertad, se manifestó en contra de la revolución y lo mandaron para el presidio político. Por el apodo que tenía, cualquiera hubiese asegurado que era un asesino peligroso... y lo habrá sido, pero se le veía un hombre noble y tranquilo: parecía un niño grande. Un día le pregunté que cómo se las arreglaba para mantenerse fuerte y me dijo: "Porque como de to' blanco... hay que sobreviví."

En una ocasión hubo una comida que estaba descompuesta. Era mondongo y pata, pero estaban podridas y tenía muy mal olor. De la cocina consultaron al médico Marcelino Feal, que estaba de guardia en el botiquín. Marcelino dijo que la llevaran para el comedor, que los presos estaban hambrientos y que si a alguien le daba diarrea, que en la enfermería había bastante sulfaguanidina para combatirla.

Yo estaba flaco y muerto de hambre; por lo mala y escasa que estaba la comida, pero también porque lo que comía era haciendo ascos y a empujones. Todavía me quedaban remilgos, ñoñerías y añoranzas por las comidas que me preparaba mamá. En el patio se supo lo de la comida podrida y la mayoría decía que era mejor quedarse sin comer, que enfermarse. Yo pensaba lo mismo, pero no estaba para darme el lujo de despreciar una comida. Dije para mis adentros: "Voy a vigilar a Mata Siete", si él come, yo como: yo también tengo que sobrevivir.

No había casi nadie en la cola. Vi que Mata Siete se puso en la fila y me puse tras él. Cuando llegamos al sirviente, puso el plato y dijo: "llena". Puse el mío detrás. El sirviente me miró y dije: "llena". Seguí a Mata Siete hasta el final de la mesa que estaba casi vacía y me senté a su lado; ¡con qué gusto comía!..., como lamía los huesos como si fueran manjares. Me dije… allá voy, y cerré el gusto y el olfato y comí y comí. Mata se levantó y cargó de nuevo. Comencé a sudar y sentía el estómago inflamado, pensé: *me reviendo*, salí al patio y me senté a esperar. No pasó nada. Al poco rato caí en un sopor y sentí como un calor benéfico que me inundaba el cuerpo; me levanté de allí con energías renovadas y satisfecho porque sabía que de ahí en adelante, ya no iba a sufrir más por las malas comidas: había matado al gusto y al olfato.

También conocí en La Cabaña a otro individuo que por su actitud es digno de mención, se llamaba Amador Odio Padrón. Vivía en la galera nueve. Fue un próspero empresario, dueño (antes que se la quitara el comunismo), de una de las compañías de transporte más grandes de Cuba. Se llamaba "Tráfico y Transporte".

La parte débil de Amador, era el estómago. Para él su estómago era como cuando hay un niño pequeño en la familia, que acapara todas las preferencias. Su estómago era el rey y el resto del cuerpo su esclavo sumiso.

Todo el mundo ha pasado hambre aunque sea por un día y se sabe que tiene mala cara; más aún el hambre que se pasaba en las prisiones de Cuba, que era de todos los días, constante, infinita, pero el preso la tomaba como cosa normal, como algo inherente a la prisión, como las humillaciones y los maltratos que recibíamos. Para Amador no era normal. El hambre de él era la única y la sufría más que nadie. Tal vez sería un problema de metabolismo, o un trastorno psíquico; pero estaba obsesionado con la comida. Un psiquiatra lo hubiese diagnosticado:

"obsesivo compulsivo". Se la pasaba guardando pedacitos de pan en los bolsillos para tener siempre algo que comer. Una noche, el que dormía bajo él, en la litera, lo empujó y lo tiró al piso, porque Amador no lo dejaba dormir, se pasaba la noche moviéndose en la cama, buscando pedacitos de pan entre sus pertenencias y se sentaba a roer y a hacer ruidos.

Cuando se estaba acercando la hora de la comida, Amador se paraba en la puerta, plato en mano, esperando que el guardia abriera la reja. Entonces corría y se ponía el primero en la puerta del comedor. —Sufría si no podía ser el primero—. Tan pronto terminaba su comida, corría y se ponía otra vez, detrás del último, para si sobraba, volver a comer. —A esto se le llamaba: "renganche"—. Los presos lo bautizaron Amador "Tráfico y Renganche". Daba pena contemplar aquello. No hay cosa más triste que el espectáculo de un ser humano que no pueda afrontar con dignidad los reveses que le presenta la vida y que no sepa esconder sus miserias.

Como polo opuesto a Amador, conocí a un individuo que se llamaba Jorge Chijin Laura: le decían "El Polaco".

Vivía en la misma galera que yo. Era una persona que se distinguía: callado, amable y respetuoso. Dentro de las posibilidades, siempre andaba bien arreglado. Hice amistad con él. Un día me dijo que él no tenía por qué estar en una prisión política, que era un delincuente común y me contó por qué cayó preso. Decía que junto con dos socios, se vestían de militares y se hacían pasar por miembros del G-2. Las victimas preferidas eran los pequeños comerciantes.

Hacían amistad por separado con la persona. Uno lo asustaba diciéndole que estaba siendo vigilado por sospechoso.

Después venían los otros y le decían que no se preocupara, que el oficial que estaba a cargo del caso era amigo de ellos y que con un poco de billetes ellos arreglaban eso para siempre... y así timaban al hombre.

Un día se escacharon y cayeron presos y como que hacían sus fechorías vestidos de militares, fueron a parar a una prisión política.

Me contó también que era carterista. Decía que había trabajado hasta en el metro de New York y que no importaba que los hombres vistieran gabán; él les sacaba el dinero del bolsillo. También trabajaba en las guaguas de La Habana. Se hacía acompañar por una rubia que se dejaba manosear, mientras él desplumaba al incauto... después se repartían el botín. Haciéndome este cuento, me dijo: "te voy a hacer una demostración de lo que yo puedo hacer". Venía caminando uno que se llamaba Periu. Salió el Polaco caminando hacia él, con la cabeza baja, como entretenido y pensativo, tropezó con Periu y lo envolvió con los brazos como para disculparse. Después vino hacia mí y me mostró la caja de fósforos y la cuchara que les había sacado a Periu del bolsillo.

Un día en el patio terminándose la comida, me decía que el hambre lo estaba matando. Le dije: "métete en la cola del renganche a ver si puedes alcanzar algo". Me miró de frente, con cara de pesar y él que no era hombre de estar diciendo vulgaridades me dijo: "No tengo cojones para eso." Me causó sorpresa y admiración aquella respuesta y me llevó a la comparación con Amador... Así que este hombre que no tenía escrúpulos para desvalijar del sueldo de la semana a un infeliz obrero, le daba pena que lo vieran en la cola del renganche, aunque se estuviera muriendo de hambre. Pensé que en aquella vida enferma todavía quedaba algo saludable.

Quiero dejar claro que en esto del renganche, estoy tratando de señalar solamente el extremo; el caer en lo despreciable. Creo firmemente que hay debilidades que el hombre no se puede permitir.

En el mes de agosto de 1962, creo que fue el mayor record de fusilados en todo el proceso de la revolución. Ese mes descubrieron una conspiración entre los militares, que fue abortada rápidamente. Se dijo que era de connotación nacional y que envolvía a altos mandos del ejército. Esto alarmó al gobierno y lo puso en estado de alerta. No era lo mismo que las conspiraciones civiles, compuestas por grupos pequeños, sectarios, sin cohesión y sin armas. Con el ejército era diferente y muy peligroso, poseían las armas y Fidel sabía que había muchos oficiales descontentos por el desvió de la revolución hacia el comunismo. El gobierno actuó con mano de hierro y con encono. Querían dar un escarmiento. Fueron miles los militares presos. Se veían llegar a La Cabaña de verde olivo y después pasar al patio con la ropa que usábamos nosotros. Permanecían pocos días, a veces pocas horas que no daba tiempo para conocerlos. Los sacaban para juicio y ya no volvían más. Los fusilaban por la noche; cuatro o cinco cada noche. El patio se sentía apagado, silencioso y triste; todos estábamos con los nervios destrozados. A un amigo mío se le cayó casi todo el pelo, por el estado de nervios en que se encontraba. Se agarraba el pelo y se le quedaban los mechones en la mano.

Una noche comenzaron temprano los fusilamientos: antes de las doce. Debe haber sido por la dirección del viento o porque la noche estaba muy silenciosa —la plebe que iba a presenciar los fusilamientos dejó de asistir, porque eran tan frecuentes que ya no era espectáculo—. El caso es que en mi galera, que era la penúltima más lejos del paredón, se escuchaban las descargas con nitidez. No podía dormir y cada vez que estaba cayendo en el sopor del sueño, llegaba el trueno de los fusiles, brincaba en la cama y me quedaba expectante, hasta que se oía el tiro de gracia. Fue una noche larga. Al final me envolví bien la cabeza con la sabana y la almohada para no oír y me quedé dormido. Por la mañana supe que habían sido catorce los fusilados esa noche.

Paredón de fusilamientos

Y si fueron tantos en La Cabaña ¿cuantos habrán sido a lo largo y ancho de la Isla donde había tantas cárceles y tantos paredones de fusilamiento?

La tierra cubana habrá llorado esa noche al sentirse bañada con tanta sangre de sus propios hijos.

Todo el mundo sabe qué fue la crisis de octubre. En octubre de 1962, descubrieron los americanos que los rusos estaban instalando en Cuba cohetes con ojivas nucleares. Se sabe cuál fue el desenlace de la crisis: que los rusos y los americanos conversaron —dejando a Fidel fuera de las conversaciones y las decisiones para su rabia y humillación— y que al final llegaron al acuerdo que Rusia retiraría sus cohetes y Estados Unidos se comprometía a no invadir Cuba. Todo esto lo sabe el mundo, pero lo que no sabe, es lo que se vivió en esos días dentro de Cuba: en las calles y en las prisiones.

De la calle sé lo que he oído decir: que había una tensión muy grande; que no había edificio alto que no tuviera ametralladoras y cañones emplazadas sobre el techo; que se veían, mar afuera, los barcos de guerra americanos, bloqueando toda entrada y salida de naves a la Isla y que el país estaba paralizado casi en su totalidad.

De las prisiones sé lo que viví. Nunca en la historia tantos miles de hombres presos han estado tan cerca de la muerte como en aquella ocasión. Si el desenlace de los acontecimientos hubiese sido otro, por ejemplo: que los americanos hubiesen atacado Cuba, ninguno de nosotros hubiese quedado con vida; Fidel nos habría masacrado a todos sin titubear y sin misericordia. El presidio de Isla de Pinos, que albergaba a más de diez mil presos, estaba totalmente dinamitado, para hacerlo volar. Tal vez esto influyó sobre las potencias a la hora de tomar decisiones. Fidel se escudaba en los presos: éramos su carta de triunfo.

Los presos políticos cubanos fuimos presos y rehenes a la vez, que es más que presos solamente y vivimos todo el tiempo con la espada de Damocles sobre nuestras cabezas, a merced de las veleidades y maquinaciones de nuestro Nerón.

En La Cabaña había varias ametralladoras calibre 30 y 50 sobre el techo con sus bocas negras apuntando hacia abajo, como para barrer el patio. Todo el tiempo que duró la crisis estuvimos incomunicados, sin visitas y sin correspondencia; encerrados en las galeras con una sola comida al día que era la mitad de un plátano verde sancochado.

Una noche nos sacaron a todos para el patio y una vez que revisaron las galeras, cerraron las rejas, no nos dejaban ni acercarnos a las paredes, todos apiñados en el centro. Uno miraba para el muro que estaba encima de las galeras *(en la imagen inferior, donde está parado el guardia en posición de atención)*, y no se veía nada porque los reflectores encandilaban, pero se sabía que las ametralladoras estaban allí porque por el día las habíamos visto.

Patio de "La Cabaña", vista desde arriba.

Por aquellos días Fidel, que estaba sangrando por la herida porque las potencias no lo tomaban en cuenta, había vociferado que si los americanos atacaban la Isla lo que encontrarían serían las cenizas. Hasta varios ex militares que estaban con nosotros, hombres fogueados, entre ellos dos generales, Felipe Mirabal, que se aseguraba era el verdadero padre de Raúl Castro y Necolarde Rojas, estaban asustados, decían: "de este loco hay que esperarlo todo, refiriéndose a Fidel".

Para hacer más tensa la situación, un muchacho sufrió un ataque de histeria: decía que nos iban a hacer como lo que había leído él en un libro de historia, que un general sacó a los presos al patio y los ametralló a todos.

Con esto ya uno veía las lenguaradas de fuego de las ametralladoras saliendo de la oscuridad y nosotros cayendo unos encima de los otros.

Fue una noche terrible. Si es verdad que hay sustos para vacilarle la vejiga y los intestinos a cualquiera, éste fue uno de ellos. Como a las tres horas abrieron las galeras y nos mandaron a entrar ¡Qué alivio!

Pasada la crisis de octubre la vida volvió a su normalidad. Se reanudaron las visitas: ahí fue que supimos con más detalles los pormenores de la crisis.

Por los últimos días de diciembre tuvo visita mi galera. En las visitas dejaban pasar comidas cocinadas que las teníamos que comer el mismo día, porque si no se descomponían, lo que quería decir que todos nos teníamos que dar un hartazgo. Imaginen esos estómagos deshabituados ya a digerir alimentos fuertes; todo el mundo se descomponía y esa galera con una atmósfera densa y estática, sin ventilación, acumulando gases... cuando venías del patio y entrabas a la galera, chocabas con un hedor insoportable: era toda un solo pedo que se mantenía allí sin escape, atrincherado.

Mamá me dijo en la visita que el abogado les comunicó que el juicio era pronto.

En los primeros días de enero me llamaron por el parlante. Era para una visita con el abogado. Cebreco me dijo que para la próxima semana sería el juicio; que no me preocupara, que todo iba a salir bien. Por supuesto que no tenía ninguna fe en él, pero de todas maneras, eran palabras consoladoras, que me sonaban bien al oído. Por otra parte, ya estaba algo más confiado porque hacía días que no había fusilamientos.

A la otra semana nos llamaron a Mario y a mí, que estábamos en la misma causa, también llamaron otras causas.

Por la mañana salimos el grupo custodiados por guardias para el tribunal. Éramos como diez. Cuando entramos en la sala, me quedé petrificado: la parte para las visitas estaba ocupada casi toda por mi familia: papá, mamá, mi hermana, mis primos y muchos amigos. Pensé: "ahora si estoy hundido."

Había oído los comentarios en el patio que en los juicios se ensañaban con las personas más sobresalientes, principalmente con los estudiantes universitarios, porque le temían a su cultura y también con los que se le veían visos de líderes. —Seguro que a mí me iban a tomar por un cabecilla importante, con aquel pueblo que me seguía—. Cebreco le había dicho a mamá que invitara a gente para el juicio, para que el tribunal se diera cuenta que era un muchacho bueno y querido.

Sentí emoción al ver tanta gente que quería, principalmente a papá que hacía casi un año y medio que no lo veía; desde la prisión de Matanzas, cuando llevábamos cinco días de estar allí; tenía todavía clavada en el alma aquella imagen: papá agarrando la reja, patilludo y más envejecido, con aquella mirada triste y acuosa.

Nos sentaron en las sillas de los acusados. Había un silencio pesado, tenso. Al poco rato entraron los del tribunal. El juez con su toga negra y después el famoso fiscal; aquel monstruo que no saciaba nunca su sed de sangre; que las dos palabras que más pronunció en su vida fueron: "Pena Capital". El temido fiscal del tribunal revolucionario "Flores Ibarra", bautizado como "Charco de sangre". —El Maximiliano Roberspierre de la revolución cubana—.

Hubo que ponerse de pie.

Comenzaron los juicios. Mi causa no fue la primera. Durante el desenvolvimiento de los juicios, pude observar la falta de profesionalismo y solemnidad que supone el decidir privar de la libertad o la vida a un ser humano. Aquello era una parodia de juicio; una tertulia donde hasta se escuchaban risas… así sería también cuando había condenas a muerte. Pensé también, cuántas veces, esa misma silla en que me sentaba, había sido el último asiento para algún infeliz: de allí para el piso de la capilla y por la madrugada para el palo del paredón.

Me tocó mi turno. Se acercó Cebreco que ya lo había visto payaseando por allí. Dijeron mi nombre, el de Mario y el de René, que estaba prófugo todavía. Nuestra causa era la ochenta y siete de mil novecientos sesenta y dos.

El secretario leyó los cargos que ya no eran los mismos que en los interrogatorios. Entre toda la fraseología y términos jurídicos que se usan, decían que se nos acusaba de atentar contra los poderes y estabilidad del estado y que habían ocupado armas con las cuales planeábamos un atentado al máximo líder y finalmente, que la petición fiscal eran veinte años de privación de libertad y de trabajos forzados. Sentí un alivio y un descanso grandes y respiré profundo, como un pasajero después de un aterrizaje forzoso. Tantos meses pensando en aquel momento, temiendo lo peor. Los años no importaban, ni le importaban a nadie; la revolución no iba a durar tanto tiempo… lo importante era salvar la calavera, como se decía en el patio.

Cebreco pidió la palabra y comenzó a alabar mis virtudes: que si un muchacho bueno, que vieran cuánta gente me quería y señalaba para el público. —Yo pensaba: este desgraciado lo que me está es hundiendo más—. Suerte que el tribunal no lo estaba escuchando; nunca lo hacía; se ponían a chismear entre ellos.

Cuando terminó Cebreco, se paró Flores Ibarra. Con palabras iracundas dijo que la revolución era magnánima con quienes la seguían, pero que con sus enemigos era implacable y que nosotros éramos enemigos de la revolución porque queríamos atentar contra Fidel y que lo que merecíamos era la pena capital, pero que ratificaba la de veinte años. El juez me preguntó que si tenía algo que decir. Ya tenía mi defensa preparada: ¿cómo era posible, pensaba decir, que con una escopeta vieja, que era de mi abuelo, que cuando disparabas se te desarmaba en las manos y un riflecito calibre veintidós de una sola bala, se podía atentar contra nadie? Me puse de pie y dije que discrepaba; que cómo… y dio un mazazo el juez y un grito y me mandó a sentar… El acusado no tenía derecho a defenderse.

Dieron por terminados los juicios. En la sala permanecían todos sentados. Nos sacaron a los presos. Caminé lo más lento que pude para poder contemplar aquellos rostros tan queridos de los que todo el tiempo estuve sintiendo sus ojos sobre mis espaldas, pero a los que me estaba prohibido mirar.

Llegamos al patio. Cerca de la puerta de entrada estaban apiñados los amigos de cada uno. Los míos me abrazaron contentos y con cariño. "Salvaste la calavera", me dijeron. A los pocos días llamaron por el parlante, fueron diciendo los nombres de cada uno con su respectiva condena. A mí me condenaron a nueve años.

El 11 de febrero de 1963, después del desayuno, se escuchó que activaban el radio parlante: se oía el silbido característico.

Todos nos quedamos expectantes; se estaba esperando un traslado grande porque había mucha gente que ya había recibido su condena. "Atención al patio", se escuchó por el parlante. "Este personal que va a ser nombrado, que recoja sus pertenencias, que va a ser trasladado"... y comenzó una larga lista. No recuerdo la cifra exacta, pero éramos alrededor de 120.

Como una hora más tarde estábamos todos cerca de la puerta de salida, cada uno con la jaba con las pertenencias, que era lo indispensable: plato, cuchara, toalla y ropas. Volvieron a leer la lista y fuimos saliendo según nos nombraban. Nos llevaron a un patio donde había varios autobuses y nos fueron instalando en ellos, al poco rato partió la caravana con jeeps detrás para los custodios. Al fin salíamos de La Cabaña; adiós a los fusilamientos, adiós a la incertidumbre, al hambre, al hacinamiento, a la inmundicia de las galeras, a las chinches y a los gorriones... ¡adiós!.. quedaba atrás una etapa dolorosa y triste y nos enfrentábamos quizás a un futuro peor, pero la esperanza es lo único que no abandona al ser humano. Seguíamos presos, estábamos condenados, nos trasladaban a otra prisión —casi seguro que a Isla de Pinos de la cual sabíamos muy poco—pero íbamos esperanzados en que tal vez nos esperaba una vida mejor.

Los autobuses pasaron por el túnel que atraviesa la bahía de

La Habana y enfilaron por la Avenida del Malecón; ¡qué regalo para los ojos, tanto tiempo condenados al estrecho espacio que le dejaban las ocres paredes de La Cabaña y qué tumulto de recuerdos! ¡Qué paisaje para hacer sufrir, ver tan de cerca la vida libre, presurosa e indiferente y no poder disfrutar de ella! ¡Qué dolor surcar la libertad y no poder tocarla!… Aquella travesía por la ciudad de La Habana nos dejó a todos con una opresión en el pecho.

Llegamos a un aeropuerto militar, nos pasaron a un salón amplio y dijeron que no se podía estar de pie; todos nos sentamos sobre nuestros bártulos. Ahí estuvimos como dos horas; se oía el tráfico de los aviones pero no podíamos ver nada. Al fin nos sacaron. Había un fuerte operativo militar. Lejos del edificio, en la pista, nos esperaba un avión grande de cuatro motores. Caminamos en fila india por entre una doble hilera de guardias. Junto al avión había una escalerilla. Al entrar en el avión, uno se percataba de que era un carguero, porque no tenía asientos, ni ventanillas y había transportado ganado porque se sentía el mal olor. Dentro del avión había guardias con metralletas, al fondo y junto a la puerta de la cabina; ésta tenía una reja que se veía que no era original. Ordenaron que nos sentásemos en el suelo. Antes del despegue, un oficial dijo que nadie podía ponerse de pie, que el que lo hiciera se atuviese a las consecuencias. Todas estas medidas de seguridad eran porque meses atrás, en un traslado similar, unos presos trataron de apoderarse del avión, hubo tiroteo y el avión tuvo que aterrizar sobre un cañaveral por la zona de Batabanó.— En la Isla conocí a un muchacho que se llamaba Silvilio Vera Guevara, que fue uno de los que intentaron el secuestro; no sé cómo salió vivo, tenía en el cuerpo como veinte impactos de bala; una le entró por la boca, le arrancó las muelas y le salió por detrás de la oreja… vi las cicatrices—.

El avión despegó, debe haber sido un trasto viejo porque vibraba que parecía que se iba a desintegrar… y yo que nunca había montado avión. En menos de una hora llegamos a Isla de Pinos; el avión se detuvo lejos, a un extremo de la pista, abrieron la puerta y a punta de metralleta nos hicieron lanzarnos a tierra: no sé cómo alguien no se fracturó una pierna, la altura era como de ocho pies. Con nosotros viajaba un viejito que se llamaba Celestino Pillo, que tenía una hernia muy grande en los testículos: lo que le decían "potranca". Hubo que bajarlo entre cuatro, dos aguantándolo por las manos y dos recibiéndolo abajo. Tan pronto tocamos tierra nos hicieron montar en unos camiones descubiertos: "¡Ahora van a saber ustedes lo que es presidio!", decían. Ya todos en los camiones, arrancaron a toda velocidad, con los custodios detrás. Cuando llegamos a un pueblo, que después supimos que era Nueva Gerona, comenzamos todos a cantar el himno nacional. La gente del pueblo se detenía en la calle a mirar los camiones. Fueron unos momentos emocionantes; hacía años que no cantaba el himno en alta voz y nunca que lo he vuelto a cantar me ha conmovido tanto: se me erizaban hasta los cabellos. Parece que por el cúmulo de emociones que nos embargaba, por los momentos dolorosos que dejábamos atrás y por el futuro incierto que nos aguardaba. Parecía que la letra del himno la había compuesto Perucho Figueredo para nosotros; para aquel momento… *"que la patria os contempla orgullosa/ no temáis a una muerte gloriosa/ que morir por la patria es vivir".* Así llegamos a la puerta del presidio. Nos hicieron bajar; estaban enfurecidos, de por ellos nos hubiesen ametrallado allí mismo.

LA PRISIÓN DE ISLA DE PINOS

En Isla de Pinos se encuentra la prisión más grande de Cuba. Fue siempre la cárcel nacional, donde confinaban a los presos más peligrosos y con largas condenas. Se le denominaba "EL PRESIDIO MODELO".

Fue construida por la década del treinta, cuando gobernaba Cuba el General Gerardo Machado. La componían dos edificios rectangulares de cinco pisos y cuatro circulares, de seis pisos. A las circulares se las denominaba así: "Circulares" por su estructura redonda, estilo coliseo; Tienen capacidad para unos diez mil prisioneros. La prisión está enclavada en una llanura entre una cordillera de montañas denominada "Sierra Caballos" y el mar. Todo el perímetro cercado a estilo "Campo de Concentración Alemán", por una doble cerca de alambre que dejaba en medio un corredor como de cinco metros de ancho, sembrado cada cien metros, por unas garitas altas para los guardias de vigilancia.

Cuando se llega a la prisión lo primero que se ve son unas edificaciones bajas, para oficinas y también casas de vivienda para la oficialidad y los dos edificios rectangulares de cinco pisos.

Pasada la puerta principal, se abren dos carreteras estrechas, una a cada mano, que corren a lo largo de las cercas. A nosotros, una vez dentro del complejo, nos formaron a todo lo ancho de la carretera de la derecha y con la cerca por un lado, guardias por el otro y a son de gritos y amenazas con las bayonetas, nos hicieron correr. Una vez que dejamos atrás los edificios, pudimos ver las cuatro circulares que se erguían imponentes. ¡Qué visión más impresionante, aquellas moles gigantescas, silenciosas y grises! Se veían enormes en la llanura. Se dice que el día de la inauguración, un ministro le preguntó a Machado: "General ¿y por qué hemos construido una prisión tan grande? y que Machado le respondió: no se preocupe ministro, que ya vendrá quien la llene". Y ya había llegado lo que vaticinó Machado, ya estaban llenas porque desde lejos se veían manos fuera de las rejas que saludaban y agitaban trapos desde todos los pisos y cuando pasamos cerca de ellas, se escuchaba el zumbido sordo de la vida que le palpitaba dentro.

Pasamos de largo. Lo único que se sabía en la Cabaña de lo que nos esperaba en la prisión de Isla de Pinos era, que cuando uno llegaba, no iba directamente a las circulares, sino que lo mantenían en cuarentena.

Llegamos a unos edificios de un piso que quedaban al fondo del presidio; a esta parte se le llamaba los "Pabellones". Allí estaba el hospital del presidio; por allí, no se sabía exactamente, estuvo Fidel cuando cumplió prisión en la Isla. Allí estaban las celdas de castigo que las tapiaban dejando solo un hueco en la puerta a nivel del piso para pasar la comida y estaban unos salones grandes que eran destinados para la primera estancia de los que llegaban.

Nos llevaron para uno de esos salones y nos mandaron a quitarnos la ropa y los zapatos y quedarnos solamente en calzoncillos. Pensamos que sería para darnos otra ropa y así eliminar cualquier tipo de contagio que pudiésemos traer encima. Pero la otra ropa nunca llegó; treinta y seis largos días pasaríamos allí en aquel salón pelado, sin nada absolutamente, ni papel para limpiarse. Se le juntaban el cielo y la tierra a uno cada vez que tenía que agacharse sobre aquel hueco, a la vista de todos y tener que lavarse después con un jarrito de agua. El único consuelo era que todos teníamos que dar el mismo espectáculo. Para colmo de males, en ese febrero se apareció uno de esos nortes feroces que muy de tarde en tarde visitan Cuba. ¡Qué frío tan inclemente! En calzoncillos, uno que estaba desnutrido y hambriento y en aquel piso pelado de granito. Optamos cada uno por escoger al mejor amigo como compañero y dormir de lado con el brazo doblado bajo la cabeza como almohada y la espalda pegada a la del amigo para darnos calor uno a otro.

El salón tenía solamente unas ventanas horizontales pegadas al techo por donde entraba la neblina y solo se podía ver el cielo y la ladera de la montaña envuelta en nubes. Por la ladera de esa montaña, supe más tarde, trepaban los cables que conectaban con los detonadores que estaban instalados en la cima para hacer volar las circulares que estaban dinamitadas.

No se sabe, aunque debe haber quien lo sepa, cuál fue el verdadero propósito de la revolución al sembrar de explosivos la base de las circulares; tal vez para chantajear a los norteamericanos para que no invadieran Cuba, tal vez para amedrentar a los presos y que ese terror se esparciera y sirviese de freno a la contrarrevolución, o tal vez para volarlas de verdad. Lo que sí es seguro y comprobado, es que las circulares tenían miles de kilos de T.N.T debajo… Los presos se las ingeniaron, al menos en la circular 4 y pudieron llegar al sótano y comprobarlo y dicen que desconectaron los cables de los detonadores. Ingenieros que había allí, conocedores de explosivos, decían que si ese T.N.T explotaba, donde estaban las circulares, quedaría una fosa de la profundidad del mar. Y es seguro también, que si alguna mano asesina hubiera sido capaz de pulsar el detonador, no hubiera sido otra que la del propio Fidel Castro. Tantos años, a partir de aquello matando cubanos, lo confirman. Él hubiese venido personalmente para ir volando las circulares una a una y disfrutar el espectáculo como Nerón, cuando hizo incendiar a Roma.

De todos los sucesos importantes de Cuba, tenía que ser él siempre el actor principal. Cuando las baterías antiaéreas de Cuba derribaron un avión U2 de reconocimiento norteamericano, salió Fidel de artillero haciendo el disparo que daba en el blanco. Cuando se celebró en Cuba un torneo internacional de pesca de la aguja, apareció Fidel recibiendo el primer premio por haber pescado la aguja más grande. Y cuando la invasión de Playa Girón se vio a Fidel sobre un tanque de guerra, enérgico y amenazante, como si fuera al frente del batallón para combatir a los invasores. Lo que no supo el pueblo, fue que esta escena fue sobre un tanque de la retaguardia y cuando ya habían terminado los combates.

A los grupos de nuevos presos que arribaban a la Isla se les llamaba "Cordilleras", no sé por qué este nombre, porque no tiene nada que ver un grupo de hombres con un grupo de montañas, pero era así.

En la cordillera nuestra vino también el poeta Emilio Castaño. Dije, cuando hice mención de Castaño por primera vez, que en el transcurso de estas páginas volvería a hablar de él, y así seguirá siendo, no porque tenga alguna razón personal, si no que en toda historia hay actores que al tener más participación que otros, tienen que aparecer más en escena. Recordarán que dije que estando en La Cabaña, Castaño se acogió al plan de rehabilitación. Pues parece que no lo encontraron buen candidato para el plan y para sorpresa nuestra, el día que nos sacaron de La Cabaña y nos montaron en los autobuses, ya estaba Castaño para ser trasladado junto con nosotros. Estando allí, en el pabellón, en calzoncillos, uno que le decían "Luis El Pavo" le echó en cara lo de la poesía que compuso en el plan que título "Compañera Miliciana" y le dijo además algunas palabras hirientes. Castaño andaba mohíno y apartado, como sintiéndose tal vez desmoralizado y fuera de grupo, pero no era un hombre cobarde, se encaró con Luis y se fueron a las manos. Luis era mucho más corpulento y aunque todos estábamos un poco dolidos con Castaño, no era tampoco para dejar que lo masacrara y paramos la pelea.

Es un poco difícil entender ahora, a tantos años de distancia, ciertas actitudes y posiciones que asumimos los presos en aquellos momentos. Habrá que decir que aquel presidio lo componía mayormente una masa de hombres jóvenes, románticos e idealistas. —Una juventud que se preocupa por los problemas políticos de su país, no es una juventud media, sino una juventud que va por delante—. Todo el que estaba allí, tenía conciencia de la traición que la revolución le estaba haciendo al país y todos, en mayor o menor medida, habían hecho algo para evitarlo. Que nos tocó perder y caímos presos, pues el presidio era también un escenario de lucha, de ahí la posición vertical e intransigente. Ya que no se ganó la lucha en la calle, el presidio tenía que ser un bastión irreductible y para eso tenía que haber unidad y conciencia política… y las hubo. No ha habido nunca un presidio con la moral más alta ni con más calidad humana que la del "Presidio Político Cubano" (me refiero al presidio histórico, de las décadas del sesenta y setenta). Allí no había robos; dejabas un pedazo de pan o una cajetilla de cigarros sobre la cama, que eran valores y cuando regresabas, estaban allí. No había sodomía; conocí a un preso que se llamaba Bienvenido Puente Muñoz, que no ocultaba lo que era y un día le oí decir: "Yo soy homosexual pero aquí soy tan hombre como el que más, este presidio no lo mancho yo". En la circular dos había uno que le gustaba sodomizar a los jóvenes que se propasó con un muchacho y lo lincharon en la planta baja.

Sabemos que en el rebaño humano hay de todo, pero allí, el que no se sabía a la altura, se empecinaba en crecer para merecer su puesto.

Emilio Castaño fue el primero que desertó y él era popular entre los presos. En toda celebración o fiesta que se hiciera, allí estaba él diciendo sus poesías. Él estaba más comprometido con el presidio que cualquiera, porque era un hombre público y querido. Pero Castaño tuvo la mala ocurrencia, de allá en el plan, componerle una poesía a la miliciana, que todo el mundo pensaba que se la dedicó a la que más se veía por allí, que se llamaba Mirta y que era una fanática comunista que se cebaba con nuestra familia y eso nadie se lo perdonó.

Al fin un día nos trajeron la ropa y los bultos con nuestras pertenencias para sacarnos para las circulares. La cuarentena no fue para prevenir contagio alguno, fue para aniquilarnos, ya había muchos de nosotros bastante enfermos. Lo que hicieron fue ensañarse porque habíamos cantado el Himno Nacional.

Nos dividieron en grupos; el mío fue para la circular cuatro.

La entrada a las circulares tiene dos rejas, abren una primero, pasa el grupo, la cierran y después abren la otra y se pasa a la planta baja. Al espacio entre estas dos rejas se le llama "Rastrillo".

Cuando uno viene de estar encerrado tantos días en un lugar de techo bajo y penetra de pronto, corriendo, porque siempre tenía que ser corriendo y se ve bajo aquella bóveda tan inmensa, le parece como que le han abierto una puerta a la esfera del mundo y lo han metido dentro. ¡Qué cosa más impresionante visto desde abajo! Siete pisos, porque las celdas comienzan en el segundo hasta el quinto y después el sexto que es habitable pero no tiene celdas, mas aquel techo inmenso en forma abovedada. El ruido es ensordecedor; un zumbido como de colmenas, mil y pico de voces encerradas, dando vueltas y haciendo ecos.

La circular por dentro es como un panal. Cada piso tiene noventa y tres celdas que no tienen puertas, una al lado de otra, pared por medio y un pasillo o balcón que parte de la única escalera y da la vuelta hasta el punto de partida.

Este pasillo balcón, tiene una baranda continua, que da al vacío, de un tubo de hierro de tres pulgadas a la altura de los codos y otro a la altura de la rodilla, sostenidos por pilares, de tubo también, cada dos metros.

En esa baranda, en todos los pisos, estaban acodados los presos presenciando nuestra llegada. Este espectáculo, del que los actores en el escenario en ese momento, éramos nosotros, se repitió muchas veces. Llegaba la cordillera a la planta baja y los de arriba miraban buscando conocidos, entonces bajaban para saludarlos y los subían para sus celdas, los acomodaban y les daban la ayuda posible. Yo tuve dos buenos amigos, Reinaldito Rizo y Papo Garciga que me auxiliaron enseguida. Me llevaron para su celda y me dieron cobijo. Ésta fue mi primera celda en la prisión, la 18 en el primer piso.

El que no conocía a nadie, recogía su bulto e iba subiendo pisos hasta llegar al sexto, que no tenía celdas y allí se ubicaba en los espacios que llamaban "Paños" que estaban delimitados por las vigas que salían para el techo.

Da dolor recordarlo, pero de mi grupo, el único que tuvo que ir para el sexto piso, fue Emilio Castaño… Cuando cogió su bulto y comenzó a subir, le hicieron una rechifla. Lo de la "Compañera Miliciana" había llegado primero que él. Aquello me dio dolor y tristeza, lo repito. Da pena ver a un rey caído.

Normalmente las celdas eran para dos; tenían dos camas, que consistían en un marco de tubos que se les cosía una lona gruesa —un paraíso para las chinches entre la costura y el tubo—. La pared tenía unos ganchos donde se anclaba el tubo y la otra parte se sostenía por una cadena. De día se pegaban a la pared para tener más espacio. A esta cama se le llamaba "Avión".

El resto de aquel primer día lo pasé conversando con los amigos y por la noche dormí en el suelo, en una colchoneta que me prestaron.

Al otro día por la mañana, llamaron para el recuento. En cada circular había un preso que fungía de portavoz entre los guardias del rastrillo y los presos. A este hombre se le llamaba "El Rejero". Era el único preso que podía acercarse a la reja e intercambiar palabras con los guardias. La condición indispensable para poder ser rejero, era tener mucha voz, mientras más estridente mejor y ser además, serio e inteligente, para poder contemporizar con los guardias sin dar lugar a equívocos por parte de los demás presos. El de la circular cuatro se llamaba René Fernández, un muchacho de mi pueblo que reunía todas esas condiciones.

El recuento regularmente se efectuaba temprano, antes del amanecer. El rejero estaba pendiente y cuando los guardias daban la orden, bajaba a la planta baja y gritaba: "Cubreee, cubre para el recuentooo". —En el silencio del amanecer, este grito retumbaba como un trueno—. Había que tirarse de la cama y correr a ocupar un puesto frente a una celda (siempre de a dos) y permanecer allí, sin moverse, hasta tanto no se retiraran los guardias que contaban.

Después del recuento salí a caminar por la circular. ¡Qué diferencia! Allí si había espacio para moverse. Si se sumaba la circunferencia de todos los pisos, había kilómetros. En el sexto piso me detuve frente a una ventana para mirar hacia fuera; allí estuve largo rato, dejando que mis ojos se llenaran de horizonte, de lejanía y de verdor, tanto tiempo encerrado sin poder dejar vagar la vista a voluntad.

Ésta, mi primera incursión por mi nuevo purgatorio, me levantó el ánimo; era tan grande que no se sentía esa agobiante sensación de encierro, el aire que se respiraba era fino y puro y había claridad e higiene. También me dio buena impresión el aspecto de los presos, flacos todos como en las otras prisiones, pero con un semblante distinto, pronto a la risa, e irradiando como un optimismo contagioso. Y parecerá irónico, pero no creo que existiera lugar en el territorio nacional, donde se ejerciera más el derecho a la libre expresión. Esto me asombró, acostumbrado como venía de La Cabaña a hablar bajito y mirando para los lados, por si te escuchaba algún soplón y te delataba y lo sacaban en el juicio. Aquí, como todos estábamos condenados, nadie se cuidaba de hablar lo que se le viniera en ganas, hasta mentarle la madre a Fidel ¿Qué más se podía perder? Por otra parte, el único guardia dentro de la circular, estaba lejos, sobre la torre que se elevaba en el centro de la planta baja hasta la altura del tercer piso y que tenía un balconcito alrededor para vigilar. Los comunistas decían: "Cuba, territorio libre de América" y nosotros podíamos decir: "Prisión de Islas de Pinos, territorio libre de Cuba". A los que nos tocó la desgracia de tener que cumplir prisión, tenemos que darle gracias a Machado por haber construido ésta. Él estaba seguro que algún día sería útil; que alguien la llenaría, conocía la mentalidad de los dictadores y sabía lo fecunda que era Cuba pariéndolos.

Empezaba una nueva etapa para nosotros. La vida del preso transcurre por etapas: la de la detención, la de los interrogatorios y la de la espera torturante por el juicio. Ahora ya estábamos en la final, la más larga de todas, la de cumplir la condena ¡Que a nadie le pasaba por la imaginación tener que cumplirla!, pero la cruda realidad, era que estábamos allí, condenados, cada uno con un montón de años. Como el atleta que le va restando millas a la distancia que lo separa de la meta, así teníamos que hacer nosotros ahora con el tiempo: restarle horas, días, meses y años y lo peor: todos largos e iguales como gotas de agua. Y ese "señor tiempo" todo poderoso, que en la prisión es donde se empecina perversamente en transcurrir con más lentitud.

Algo que también me llamó la atención ese primer día, fue el poco ruido que se escuchaba, en contraste con la algarabía del anterior, cuando nuestra llegada. Observando, vi muchos grupos, en distintas celdas, sentados en el suelo, con libretas y lápices, estudiando. Cuando pasó un tiempo y me adapté bien, pude percatarme del espíritu de superación que reinaba. Se estudiaban todas las materias. Había profesores universitarios que impartían clases de física, química, matemáticas, etc. Los estudiantes a su vez, fungían también de profesores con los más atrasados y así hasta llegar al primer grado; porque había también gente humilde, de campo, con muy pocos grados de escolaridad.

En el presidio político estuvieron representadas todas las esferas de la sociedad cubana, y si se quiere, lo mejor de ellas, porque por algo fueron los primeros en salir a la lucha para preservar la libertad y la democracia que nos secuestraban.— Por supuesto que este reconocimiento no lo acaparan solamente los que cayeron presos—.

En ésta, como en todas las prisiones, era la misma rutina: recuento, desayuno, almuerzo y comida. A media tarde la gente bajaba para bañarse. Cada circular contaba con treinta y seis duchas en la planta baja, dieciocho por cada lado, que eran chorros que caían uno al lado del otro. El primer día uno se sentía un poco cortado ante toda aquella multitud desnuda, pero era reconfortante tener agua abundante para bañarse todos los días.

La comida llegaba a las 5 o a las 6 de la tarde, la traían hasta el rastrillo el personal de la cocina; venían en unos calderos anchos y redondos que les decían "bullones" encima de una carretilla; de ahí la pasaban unos presos para adentro y las situaban al pie de la torre, que era donde se servía y ahí comenzaban a llamar por piso.

Cada circular tenía su propio gobierno interior, que se denominaba "Mandancia". Consistía en un "mayor" que era el jefe principal, los sargentos de piso y los que servían la comida. En la época en que llegué a la circular cuatro, había descontento con la mandancia, como que en su mayoría eran ex militares de Batista, se decía que ellos tenían preferencia con los suyos a la hora de servir; presencié más de un incidente por este motivo. También había fricciones por ideas políticas. Recuerdo de una bronca grande en el quinto piso donde hubo cadenazos y cabezas partidas. Los ex militares nos acusaban a nosotros, la nueva generación de presos, de haber llevado a Fidel al poder y nos lo querían hacer sentir. No aceptaban ellos, que el principal culpable fue el propio Batista, por derribar con las armas a un gobierno constitucional y perpetuarse en el poder a solo tres meses de celebrarse elecciones, lo que trajo por consecuencia el descontento del pueblo y la semilla para una revolución. Después, porque cuando Fidel atacó el cuartel Moncada, que fracasó y tuvo que salir huyendo, y lo apresaron, no lo fusiló. —El hecho de que Fidel y su grupo mataron a los enfermos del cuartel, era delito más que suficiente para hacerle un juicio sumarísimo y condenarlo a muerte—. Lejos de eso, Batista le dio las garantías para un proceso legal y cuando lo condenaron, que vino para este mismo presidio, no fue como un preso más y con el rigor que se merecía, sino que lo instalaron en una suite llena de libros, buena comida, visitas especiales y contacto con la prensa para hacerse oír. Al poco tiempo, Batista decretó una amnistía, aun en contra de la voluntad de algunos de sus ministros y le tendió la alfombra roja para que se fuera a México, hecho héroe y líder, y se desentendió de él; creía que con esto se lo quitaba de encima, cuando era elemental que le mantuviera vigilancia. Hasta los españoles, en la época de la colonia, tenían espías en Cayo Hueso y Tampa, vigilando la emigración cubana. Fidel en México, campeaba por su respeto. Hizo propaganda, recolectó dinero, reclutó hombres y compró un barco ¿y Batista? En su finca "Kuquines"… enfiestado. Cuando desembarcó por Oriente que tuvo el primer encuentro con el ejército, solamente quedaron unos pocos, entre ellos él, que nunca iba al frente; prueba de ello, es que a pesar de proclamarse tan guerrero, no puede exhibir ni un arañazo. Fidel salió huyendo con seis de sus hombres y Batista no se empeñó en capturarlo, dedicado como estaba a enriquecerse llevándose la tajada en las compras de armas que le hacía al gobierno norteamericano. Las consecuencias no se hicieron esperar, Fidel se reorganizó, la juventud descontenta, principalmente los estudiantes, se organizó y formó su frente en la ciudad. Se desató la represión en las calles, los jóvenes huían a las montañas a engrosar el ejército rebelde y el ejército constitucional, desmoralizado por la desidia del gobierno. Batista se dio cuenta de que la revolución era ya una avalancha incontrolable y la última noche del año 1958, habilitó dos aviones y con la familia y los más allegados, huyó al extranjero a terminar sus días. Y en Cuba se quedó su ejército, a merced de Fidel, que le entró al poder con la manga al codo, sin la honorabilidad del vencedor y sin ley, fusilando y encarcelando a culpables e inocentes. Y a ese Batista, con esa triste historia, es al que algunos de los ex militares se empeñaban todavía en defender y hasta tenían ilusiones, que si Fidel caía, restaurarlo en el poder, por eso todavía, en presidio, trataban de conservar su estructura militar. En la circular cuatro había un general que ellos reverenciaban y cuidaban, que hasta mantenía su edecán, que a la hora de la comida, bajaba a la planta baja con dos platos y decía: "la mía y la de mi general". Un día quise conocer al general, que nunca salía y pasé frente a su celda por el pasillo. Era un hombre viejo y muy delgado, estaba sin camisa, en shorts y en chancletas. Inspiraba conmiseración aquel pobre "Quijote" penitente en su celda, en honor a su rango. No se daba cuenta que el presidio es la antesala del cementerio, donde todos seremos iguales. Tenía que haber hecho como el cura Loredo, que cuando cayó preso, se olvidó de la sotana y de la liturgia de la iglesia, para ser un preso más y andaba en cueros en la planta baja como cualquiera y era un campechano, que dicen que hasta hacia cuentos picantes por mantenerse cerca de la juventud y poder transmitirles la palabra de Dios.

Todas estas fueron situaciones pasajeras que vivió el presidio, que el paso del tiempo se encargó de hacer cambiar. Con la llegada constante de nuevos grupos, la balanza se fue inclinando y tanto los ex militares, que ya eran minoría, como los que los confrontaban, se fueron dando cuenta que no tenía sentido estar con rivalidades entre nosotros, cuando en definitiva, teníamos un enemigo común y que lo inteligente era limar perezas y cerrar filas y así el presidio se fue haciendo maduro y monolítico.

A los pocos días de haber llegado a la Circular, nos llamaron a los de mi grupo para ficharnos —ésta sí ya la última ficha—. Aquí hasta nos pelaron al rape y nos retrataron con un número en el pecho. El mío era el 31238. Éste es mi segundo nombre, al menos así lo siento en mi vida. Este número desplazaba al nombre. Durante el tiempo que estuve en Islas de Pinos, nunca más me llamaron por mi nombre —me refiero a los militares—. El preso no puede olvidar jamás su número.

Una vez, pasados muchos años, me encontré con un individuo que me dijo que era preso político y que había estado en la Isla. Me habló de cosas que eran ciertas porque las conocía, pero había algo en él que me intrigaba. No es que uno tenga que conocer a todo el que estuvo allá, fuimos tantos miles que es imposible, pero entre los presos existe algo, como un lenguaje común que nos identifica. Para salir de dudas, le pregunté su número, hizo que recordaba, pero finalmente me dijo que lo había olvidado. No era cierto entonces que estuvo preso en la Isla; el preso no olvida su número. Había oído esas historias y se las aprendió de memoria y las repetía como vividas. Lo dejé con sus fantasías y me quedé pensando, cómo en este mundo de Dios, hay gente para todo.

He hablado de las cosas buenas que tenía la prisión de la Isla en comparación con otras cárceles, pero no de las malas. Lo más malo que nos encontramos a nuestra llegada, fue que no había visitas. No era que estaban suspendidas, era que la mayoría no la aceptaba por las condiciones en que las daban. Según contaban, originalmente, las visitas eran en el comedor, donde el preso compartía la mesa con la familia. Después, la pasaron para un corral grande que existía dentro del perímetro de la prisión y que su principal uso era encerrar a todo el personal de una circular, mientras hacían la requisa. En este corral, la visita era a pleno sol, sentados en la hierba, pero por lo menos se disfrutaba la intimidad con la familia. El nuevo local para las visitas, era un laberinto de cercas, como una pollera. Consistía en un techo largo y estrecho, debajo, a todo lo largo, dos mayas metálicas paralelas, a dos pies de separación y bancos por cada lado; el preso no podía ni tocarle las manos a la familia.

Una de las torturas que más sufre el preso, es no poder tener visitas; el contacto con la familia lo estimula y lo reanima, pero en estas condiciones, era humillante e inhumano. Ver a la esposa o la madre cuando llegaban llorando, que siempre era así y no poder enjugarles las lágrimas; y a los niños, asustados y perplejos, viendo al padre a través de aquellas cercas y el pobre padre no poder cargarlos y estrujarlos contra su pecho y darles en un solo día todos los besos que les debía: era inaceptable. Esta situación se prolongó por casi dos años, en el transcurso, muchos fueron claudicando, algo muy comprensible, porque no es solamente lo que sufre uno, sino el sufrimiento al que somete a la familia. No fue hasta que instauraron el plan de trabajo forzado, que las visitas volvieron a su normalidad.

Ya hice mención a las requisas que hacían en La Cabaña, pero de las de la Isla, hay que hablar también, por lo violentas que eran y por la frecuencia con que las practicaban. Llegaba corriendo un pelotón de guardias tratando de sorprender, que casi siempre lo lograba, a pesar de la vigilancia que se tenía montada. Penetraban a la circular y ocupaban las escaleras. Había que ver cómo la gente bajaba por los tubos de los balcones, descolgándose de piso en piso, con el vacío a la espalda. El que no tenía el valor y la destreza para hacerlo, que tenía obligatoriamente que usar las escaleras, casi siempre cogía algún planazo.

No creo que exista un preso de la Isla, que no haya sentido alguna vez la quemazón de un planazo en la espalda. Una vez que se alcanzaba la planta baja, había que ir corriendo hasta el corral, por entre dos hileras de guardias, que también estaban ansiosos por dar planazos. Los guardias que destinan para cuidar presos, son escogidos por su crueldad y por su propensión a dar golpes y al maltrato.

Las requisas comenzaban temprano, por la mañana y duraban hasta la una o las dos de la tarde y nosotros en el corral, al sol y sin agua. La tardanza de los guardias dentro de las circulares, era porque las registraban minuciosamente. El objetivo principal, aparte de cerciorarse de que no había barrotes cortados, era encontrar el radio. Ellos sabían que dentro de la circular había un radio y desesperaban por encontrarlo. Hasta arriesgaban la vida de un hombre y lo hacían atravesar la circular por las vigas del techo a una altura de siete pisos, porque pensaban que en el centro de la cúpula era donde escondíamos el radio, pero nunca lograron encontrarlo. Si algún objeto del presidio tiene historia es aquel radio, por haber podido sobrevivir tanto tiempo, a pesar del encarnizamiento con que lo perseguían y por ser tan querido por los presos, que lo demás que pasara en la requisa no importaba, si se salvaba el radio. Y lo más singular del caso era, que nadie lo había visto jamás ni se sabía quién lo operaba. Se conocía de su existencia, porque todas las tardes, en cada piso, cada ocho o diez celdas, se detenía un preso a leer una hoja manuscrita que traía y que denominaba "PERIODICO EL RESPONSABLE" y escuchábamos nosotros, en forma escueta, todas las noticias políticas de la actualidad. El que no entendía bien con una lectura, seguía al lector a la otra parada. Había quienes le daban la vuelta al piso junto con el periódico para disfrutar las noticias cuando eran buenas.

Cuando terminaban la requisa venía el otro mal momento: el de regresar a la circular por entre los guardias. Siempre se cebaban en alguien. Con quienes más se ensañaban era con los negros; los tenían por mal agradecidos porque decían que Fidel había hecho la revolución para ellos.

Al llegar a la circular, esperaba siempre el mismo cuadro desolador, las celdas desvalijadas, ropas y libros por los pasillos y hasta en la planta baja.

Todos estos acontecimientos que en los primeros momentos asustan al preso, lo alteran y descontrolan, llegan a tomarse, con el paso del tiempo, como algo común y cotidiano, porque el ser humano tiene un poder de adaptación muy desarrollado; es como esos insectos y animales que se mimetizan y se confunden con el medio para poder subsistir. El preso se va metamorfoseando hasta que se equipara con la prisión para poder vivir en ella, y una vez que han desaparecido esos fantasmas de juicios y fusilamientos que poblaban su mente, vuelve a ser una persona normal, con sueños, ilusiones y esperanzas. Estudia para prepararse cuando sea libre, hace ejercicios para mantenerse en forma y vuelve a cantar y a reír; y es ahí, en esas aguas tranquilas, donde despierta de nuevo y vuelve a su existencia, un duende del cual ya será incapaz de sacudirse la dulce tortura de su compañía: La mujer.

Hay dos necesidades que se enseñorean en la vida del preso: la comida y la mujer; o la mujer y la comida —se disputan el primer lugar—. Estas dos féminas le hacen la existencia un martirio; no le dan paz. No hay pensamiento o conversación que no termine siempre en el mismo tema: "¡ay, aquellas comidas tan ricas que me hacía mamá!" o "¡ay, fulana, con aquellos ojos verdes, su cinturita estrecha y sus piernas torneadas!".

Son muchos los factores que influyen en la formación del carácter y la personalidad del hombre, pero quien haya sufrido estas dos carencias —la comida y la mujer— llevará su marca para toda la vida. El que haya pasado hambre, —hambre de verdad, larga, de años— y la haya sabido sufrir estoicamente, con dignidad, puede decir que está preparado para muchos de los reveses que le pueda presentar la vida, porque ha aprendido a ejercitar la voluntad. Y el que haya estado tanto tiempo sin la compañía de la mujer, es el que de verdad aprende a aquilatar lo que vale. Esa urgencia de "ella", ese estar pensando constantemente en "ella" y ese soñar con "ella", es lo que hace que se la vea más grande, que la vaya sublimando y que le reconozca su verdadero valor. Y estos son conceptos que se arraigan y quedan para siempre. Quien haya sufrido tanto por la mujer: por la mujer hembra y por la mujer madre, las mantendrá en un altar para toda la vida.

En la Circular, al igual que en la Cabaña, había personajes que se destacaban de los demás, y ya que hice mención de lo que significaba la mujer en la vida del preso, hablaré de algunos para los cuales, este tema, constituía una obsesión.

Había dos enfermos libidinosos, experimentados noctámbulos de las noches habaneras, de antes de la revolución y con largos y escandalosos historiales de aventuras amorosas, que todas las tardes, ya en la celda de uno o del otro, hacían una tertulia para hablar de sus andanzas con las mujeres: les decían "Misterio" y "La Guagua". Se ponían a contar anécdotas de los lances sexuales que habían tenido, y lo hacían con pelos y señales: "que si fulanita, que tenía un cuerpazo monumental, pero que tenía las tetas tan caídas, que usaba dos sostenes y que por el complejo no se los quitaba ni para hacer el amor". "Que si mengana: que le decían la peluda, que cuando se pasaba de tragos, se levantaba dormida y ya la había atajado dos veces en la puerta de la posada en cueros"… ¿y la audiencia?… cayéndosele la baba. Eran casi todos muchachos jóvenes, alguno de ellos castos todavía, unos por muy religiosos, formados en el concepto de que había que llevar la castidad al matrimonio, y otros, porque enfrascados en los estudios y actividades conspirativas, los sorprendió la prisión sin haber vivido ni la más inocente aventura amorosa. Ahora se sentían frustrados por el tiempo perdido y venían todas las tardes, para vivir, aunque fuera de oídas, aquel mundo de lujuria y placer.

Había otro que se llamaba Mariano Guzmán, que se la pasaba hablando de una fantasía que tenía que iba a hacer realidad cuando estuviera en la calle. Decía que iba a conseguir una copa grande y transparente, adaptarle una llave en el fondo, meter una mujer desnuda y echarle cerveza hasta que le llegara al cuello; todo esto en un salón grande, rodeado él de sus mejores amigos, la copa sobre un pedestal y todos bebiendo y viendo como la cerveza resbalaba por el cuerpo de la mujer. Los muchachos se privaban con este cuento y le pedían a Mariano que lo volviera a hacer y él lo contaba de nuevo, siempre agregándole algún detalle. Había alguno que lo tomaba tan en serio que le decía: "oye Mariano, cuando hagas la fiesta, no me dejes fuera".

Había otro personaje que se llamaba Manuel Mosquera. Éste el más impredecible y travieso de todo el presidio. Si se fuesen a escribir todas las maldades que hizo, llenarían volúmenes. No había consumado una fechoría, cuando ya estaba pensando en otra y siempre con un grupo tras él, porque el preso no podía resistir la tentación de arañar un poco de placer, un destello de alegría, en cualquier parte, a cualquier precio; y esto es lo que hacía Mosquera, hacer reír a los demás, siempre a costa de alguien, pero se las arreglaba para no dejar un enemigo en la victima. Andaba por todos los pisos buscando donde clavar la banderilla. Una vez, estaba Antonio Domínguez, que daba la impresión de ser un tipo muy serio, sentado en un banquito en la celda de un amigo, que también lo era de Mosquera. Llego éste y Morfi, que así se llamaba el amigo, dijo: Mosquera, te presento a Domínguez; se dieron las manos y cuando Domínguez se sentó de nuevo, se volteó Mosquera, se bajó el short y le pegó las nalgas en la cara a Domínguez y le dijo: Doctor, dígame ¿cómo tengo las hemorroides? Y salió hecho un bólido. Domínguez lo quería matar, pero al final, terminaron siendo los mejores amigos.

Otra vez, cuando llegó una cordillera, Mosquera se puso al acecho, siempre con sus fanáticos detrás. La mayoría de los que llegaron tenían amigos que los llevaban para sus celdas —ya quedaban pocos en la planta baja que serían los que tenían que ir para el sexto piso, entre ellos, un negrito, que no se sabe cómo, Mosquera se las arregló para averiguar, que había sido policía de la revolución en la segunda estación y que se llamaba Raúl—. Partió Mosquera con su tropa para el sexto piso y se apostó donde desembocaba la escalera. Al poco rato asomó la cabeza el negrito, que venía sofocado. Cuando

103

Mosquera lo vio le dijo: "¡Negro!.. ¿Y tú que haces aquí?" Él se le quedó mirando y dijo: … "Señor, yo a usted no lo conozco". "¿Qué tu no me conoces?, ¿tú no fuiste policía de la segunda estación y te llamas Raúl? ¿No te acuerdas que me cogiste preso?, ¡desgraciado!.." y lo cogió por el cuello "¡te voy a tirar para la planta baja, comunista sinvergüenza!.." la gente gritaba: "Mosquera no lo tires… No lo tires". Cuando Mosquera vio que Raúl estaba temblando, lo soltó, se echó a reír y lo abrazó. Raúl desfallecido se sentó en el suelo y dijo: me van a matar del corazón. Entonces todos le hicimos manifestaciones de cariño y lo ayudamos. Este Raúl llegó a ser un preso muy querido y compadecido, porque los comunistas le mataron un hijo en la calle estando él allí con nosotros.

Había un guajiro que se la pasaba preguntando a los presos si tenían algún libro pornográfico que leer. Mosquera se enteró, preparó su plan, y le dijo a un amigo que le hiciera la segunda. Se pararon detrás del guajiro, que estaba recostado a la baranda y comenzaron a hablar en alta voz. Mosquera le dijo al socio: "…Oye, ¡qué bueno está ese libro compadre!" El otro le preguntó: "¿de qué libro me estás hablando?" Y Mosquera: "… del último que entró", ese que se titula "Sexo en el Manigual". El guajiro paro la oreja. El socio se fue y Mosquera se quedó por allí. Enseguida el guajiro se le acercó y le preguntó que cómo podía conseguir ese libro. Mosquera le dijo: "Ve a tal celda en el quinto piso y dile a fulano que te lo preste", y ahí empezaron a pelotear al guajiro; del quinto al primero; luego al sexto; de ahí al segundo… y todos los enterados disfrutando el show, porque en la circular se ve todo. Al final, ya el guajiro jadeando de subir y bajar escaleras, lo enviaron a un viejo que tenía malas pulgas y que lo tenían muy cansado, mandándole bobalicones. Cuando el guajiro le preguntó por el libro, se paró el viejo amenazante y le dijo: "¡Oiga! Usted es comemierda o se chupa el dedo, no ve que le están tomando el pelo". Con esta victima sí estuvo Mosquera que estar alerta unos días, hasta que se le pasó.

¡Bendito Mosquera! ¡Cuántos buenos momentos de olvido al dolor le debemos!

Ya dije con qué ansias se aferraba el preso a cualquier pequeño acontecimiento que lo mantuviera a flote en aquel mar de cansancio, monotonía y desilusión y que lo pagaba a cualquier precio.

Una noche nos costó muy caro uno de esos momentos. Se formó un guateque en el sexto piso, que se prestaba para reuniones, porque había más espacio, además que no estaba tan expuesto a la vista del guardia de la torre, porque la altura de ésta era solamente hasta el tercero.

No sé cuál sería el motivo de celebración, pero había música, o por lo menos ritmo, algo que hacía mucho tiempo no llegaba a nuestros oídos. Los instrumentos eran un tres viejo, unas latas como bongoes y unos palos de catre como claves, pero se hacían oír. Fue creciendo la reunión. Tocaban un son montuno, que en la década del cincuenta, hizo muy conocido el conjunto CHAPOTIN. Se titulaba: "Componte canallón". Inspiraba la voz prima: "Te me fuiste pa' Morón" y respondía el coro: "Componte canallón".—Para aquella época, el director de la prisión era un viejo gordo y maligno que le decían "Pomponio" y el jefe de orden interior, el "teniente Morejón", un guajiro oriental, sanguinario y analfabeto—... Seguía inspirando la voz prima: "Mira que son más sabrosón", pero el coro cambió, ahora era… "Pomponio y Morejón"… "te me fuiste pa' Morón" y casi toda la circular coreaba "Pomponio y Morejón". El guardia de la torre gritaba mandando a callar, pero el coro continuaba a voz en cuello, "Pomponio y Morejón". A los quince minutos se acabó la fiesta. Se apareció un batallón en la planta baja con Pomponio y Morejón al frente. Mandaron silencio, "que cada uno se situé frente a su celda". Volvieron a decir: "todo el mundo desnudo y para la planta baja." ¿Quién se negaba? Fuimos bajando todos y ellos, bayoneta en mano, nos arrinconaron contra la pared. Los guardias amenazando pinchar a los de afuera, para que nos juntáramos más. Cuando ya éramos una maza compacta, cerraron fila para que nadie se pudiera mover. Entre cuerpo y cuerpo no había espacio ni para el aire. Uno buscaba no pegarse por debajo con el de adelante, pero si reculaba, el de atrás se pegaba a uno. Suerte que en estas circunstancias, el hombre se pone más liso que una mujer.

Morejón y Pomponio subieron para el primer piso para contemplar el espectáculo. Pomponio dando paseítos y pavoneándose, parecía un personaje de comiquitas, con aquel barrigón grande y la pistola a la ingle. Morejón comenzó un discurso. El momento no era para risa, pero en cualquier otra ocasión, le hubiesen tirado trompetillas. Aquel hombre grande y con aquella voz de mujer. "Ahora si van a saber ustedes, lo que es la dictadura del proletariado"; "los vamos a poner a trabajar para que sepan quienes somos nosotros", decía… y lo volvía a repetir.

Cerca de mi estaba el viejito Celestino Pillo, con su hernia al aire, pequeñito y consumido, pero con el ánimo en alto, ¡que viejo más bravo aquel! Estoy seguro que aquel testículo grande no estaba lleno solamente de agua.

Así estuvimos casi hasta el amanecer. ¡Qué noche más larga y qué caro pagamos el momento de alegría!

Tal vez con estas anécdotas, algunas medio cómicas, que he contado, he dejado la impresión de que la prisión no era tan mala como se la ha pintado; de que había cierto balance entre lo malo y lo bueno, que hacia la vida llevadera en ella. No es así. Estos pequeños momentos de distracción, eran como relámpagos fugases en una noche oscura. Todo lo que se ha dicho y se pueda decir, no basta, para presentar, con sus verdaderos colores, los sufrimientos que padecimos los que estuvimos presos en aquella época.

Ya hacía un año que no teníamos visitas. La correspondencia con la familia era un telegrama y una carta al mes (las cartas que se enviaban había que entregarlas abiertas para que los sensores las leyeran y la palabra más insignificante, que ellos entendieran que no podía pasar, bastaba para que las rompieran). Las requisas eran constantes y una pesadilla como ya he dicho. El hambre era atroz. Hubo una época en que la comida era la misma todos los días: un caldo claro para el almuerzo, que venía en tres bullones. A esto le decíamos "La Tricontinental", por una cumbre que hubo en Cuba de tres continentes, que la llamaron así. A la hora de repartir, un preso cogía el cucharon y otro un remo y empezaba a remover el caldo, tratando de que los pocos fideos, viandas y piltrafas, estuviesen siempre flotando, expuestos al alcance del cucharon. El que servía no miraba para abajo, no fuesen a pensar que trataba de pescar algo, específicamente para alguien. La gente no quería ser de los primeros, porque a más cantidad de caldo, menos posibilidad de que tocara algo sólido. Hubo una ocasión en que a los movimientos del remo, se acercaba a la superficie una sombra oscura, muchos al coger su ración, que sí miraban para adentro del caldero, la vieron y continuaron su camino desconsolados, porque aquello no cayó en su plato, que podía haber sido un buen pedazo de carne. Al fin, ya con menos caldo, el cucharón atrapó la sombra. El sirviente se detuvo con el cucharon en alto, asombrado de aquella maza extraña, más pesada, que colgaba. Los de la cola se adelantaron para mirar. Era algo inidentificable, parecía como los labios negros y gruesos de una boca grande con un mechón de pelos en una de sus comisuras. El sirviente la acomodó sobre el borde del caldero. Al fin se pudo identificar: Era el "chocho" de una vaca. Lo pusieron al pie de la torre para que todos lo vieran; y no se piense que faltó quien tuviera la tentación de subirlo para la celda y dar cuenta de él, argumentando que en definitiva, era carne, parte de la vaca y no importaba cual fue su función, ni que olores tuvo, ni el huso que se le dio; el hambre nos estaba matando y cuando hay hambre no hay escrúpulos, además que siempre se ha dicho que la candela mata todo, pero había algo de lo que sí la gente se cuidaba mucho y era que sabían que en presidio no iban lejos para colgarle un apodo a cualquiera y estaban seguros que el que se comiera aquello el apodo de "come chocho" lo iba a perseguir hasta el epitafio. Allí permaneció dos días con un enjambre de moscas encima hasta que lo tiraron al tanque de la basura.

Otras veces se sacaban ratones y cucarachas de la comida. Por aquellos tiempos los cocineros era presos comunes, que nos odiaban a nosotros.

Por la tarde era un arroz amarillo pálido con unos gusanos que eran igualitos al grano de arroz, solo que tenían una punta negra que era la cabeza.

En el presidio uno está siempre recibiendo lecciones de sobrevivencia. En una ocasión llegaba yo a mi celda con la comida. Me esperaba Roberto Valera Santa Coloma, un amigo de mi pueblo, ya mayor, que casi todas las tardes, después de la comida, venía para conversar. Me gustaba hablar con él, porque era inteligente, muy leído y le gustaba filosofar. Estaba sentado en el piso, como lo hacía siempre, con las piernas cruzadas, estilo Buda, lo único que un Buda esquelético. Cuando entré, que cruzamos el saludo, no sé qué descuido tuve, creo que era que venía nervioso, temblón por el hambre, el caso es que se me escapó el plato de las manos. Hice mil malabares para atraparlo, con lo que logré que cayera dando vueltas y se regara más el arroz por el piso. Solté una blasfemia, y cuando con rabia, vengativo, levanté el pie para darle una patada, y lanzarlo lejos, me agarró Roberto por el tobillo y me dijo: "Tranquilo hijo, no resuelves nada con eso... siéntate", y señaló el marco de la ventana que servía para sentarse. Agarró él una libreta que había sobre la cama, le arrancó un pedazo al cartón de la caratula, se arrodilló y empezó pacientemente a juntar los granos y echarlos en el plato. Cuando lo tuvo todo, me lo alcanzó y me dijo: "come, que nos estamos muriendo de hambre". Comí en silencio, triste, rumiando nuestras miserias, aquel poco de arroz con gusanos y con tierra.

Encima del hambre que nos hacían pasar, que nos tenía tan desnutridos y débiles que cuando uno estaba tendido en la cama y se sentaba, todo alrededor le daba vueltas, los comunistas eran tan desalmados y sádicos, que le echaban JALAPA a la comida para purgarnos. Busqué en el diccionario el significado de la palabra jalapa y decía: "Purgante enérgico." ¿Qué otro sentido podría tener el darnos ese purgante tan fuerte, que el de acabar de aniquilarnos y arruinarnos el estómago, que estaba siempre tan vacío que las tripas ardían y se pasaban todo el tiempo haciendo ruidos?

La jalapa no le cambia el gusto a la comida, uno come igual que siempre y antes de la hora ya empezaban los efectos. Se sentían unos movimientos y retortijones en el estómago y había que salir corriendo y esto nos pasaba a todos a la vez y había solo ocho baños, cuatro en cada ala de la circular, para cada piso, que albergaba a más de doscientos hombres. Se hacía una larga cola. Los que esperaban, apuraban a los que estaban dentro, porque ya no podían aguantar más y el que estaba agachado, no podía darse la satisfacción de vaciarse completo; soltaba la primera descarga, se alzaba los pantalones y corría a ponerse en la cola para una segunda vez. Había quién, ya en el segundo final, sacaba las nalgas por entre los dos tubos de la baranda y descargaba para la planta baja.

Estas descomposiciones venían acompañadas de muchos gases; los que estaban de primeros en la cola, escuchaban aquel coro a cuatro voces. Una vez estaba en la cola Gustavo Pérez Osuna "Tavo", un conformista alegre de esos que tienen la filosofía de que "a mal tiempo, buena cara". Cuando le tocó su turno, después de haber escuchado el concierto de pedos, bajándose los pantalones apurado, gritó: "Bueno trovadores, óiganme cantar a mi ahora". Esta ocurrencia de Tavo quedó dando vueltas por el presidio para toda la vida.

Vistos desde tan lejos en el tiempo, aquellos sucesos parecerán momentos cómicos, pero en aquel instante, en aquel presente sin futuro, eran demoledores y lo dejaban a uno derrumbado.

A la circular llegó un hombre gordo, de esos que dan la impresión que respiran salud y vitalidad, sonrosado, mofletudo, con papada y una barriga inmensa. Parecía que venía directamente de la calle, que no había sufrido los avatares del G2 y las torturas físicas y mentales que habíamos sufrido todos los presos, porque se le veía fresco y rozagante. Oí decir que era el representante general de VW en Cuba. Con el paso de los días, comenzó el hombre a perder peso. Todo el que arriba gordo a la prisión adelgaza, pero llega el momento en que se estabiliza. Él no. Él bajaba y bajaba. Los cachetes se esfumaron, la papada le colgaba larga y flácida y la barriga desapareció. Se puso irreconocible. Un día coincidimos en las duchas... daba pena verlo desnudo. La piel de la barriga le tapaba sus partes y seguía para abajo. A él le daba vergüenza y se bañaba, no como todos los demás, de espalda a la pared y de frente a la planta baja, sino de frente a la pared, para que no lo vieran. Para lavarse las entrepiernas, tenía que levantar aquel delantal con la mano izquierda y enjabonarse con la derecha. Cuando terminaba el baño, corría y se ponía los pantalones, sin secarse.

Si se hubiese podido conservar una foto de aquel hombre desnudo, sería hoy el testimonio más elocuente del hambre que se pasó en las prisiones de Castro en aquel tiempo.

Una noche, como a las diez, encendieron el radio parlante con un discurso de Fidel. Nunca se había escuchado el parlante, porque allí, la comunicación con los presos era a través del rejero. La bocina estaba situada en la cúpula del comedor que quedaba en el centro de las cuatro circulares, por lo que todos los presos teníamos que oírlo.

Despotricaba Fidel de los "americanos", como siempre, con ese odio que sentía hacia ellos, enfermizo e irracional, como si tuviera un trauma que venía de la niñez. De todo lo malo que sucedía en Cuba, los culpables eran los americanos; hasta de los fenómenos naturales, los ciclones, las sequías, las inundaciones...

Después empezó a hablar de la producción, aburriendo con cifras y más cifras, y finalmente, se lanzó en el nuevo proyecto que estaba cocinando: criar chivos... "Ahora si iban a tener carne abundante los cubanos", decía, y dio una disertación acerca de la carne de chivo y sus cualidades. Después se metió en los números "que si una chiva paria dos veces al año, a dos chivitos por parto, comenzando con cíen mil chivas, que iba a importar, al cabo de unos años, seriamos el mayor exportador de carne de chivo del mundo". Esto, por supuesto, fue también un soberano fracaso.

Fidel ha sido el campeón de los proyectos fracasados. Desde disecar la Ciénaga de Zapata, para sembrar arroz, la famosa cría de cocodrilos, pasando por cubrir toda la Isla con árboles de café, la zafra de los diez millones, todos han sido fracasos. Pero él no se arrepentía ni desmayaba, porque se creía un sabio, el amo del mundo, alguien capaz de dominar la realidad, de someterla estrictamente a sus deseos y con capacidad de sobra para realizarlos. También se creía con una condición física por encima de los demás mortales, y para demostrarlo, hacia esos discursos kilométricos, hasta de cuatro horas, para ver al público desfallecido ante él. Era verdad que aquella resistencia para hablar tantas horas asombraba, pero después se ha dicho que usaba estupefacientes, y que le gustaba hablar hasta ponerse ronco, para escucharse después con voz más varonil.

El discurso duró hasta las dos de la mañana, y nosotros sufriendo aquella tortura psicológica, con aquella voz metida en nuestra celda, martirizando los oídos y los nervios.

Cuando apagaron el radio, que se hizo silencio, ya el sueño se había espantado… me parecía que el silencio retenía el eco de aquella voz estridente y chillona. —Ha sido la única noche de mi vida que no he dormido nada por el desvelo, me sorprendió el recuento despierto—. ¡Y como se piensa y se sufre en una noche así! El desvelo es muy mal compañero para el preso, es ahí donde los malos pensamientos lo atacan como una jauría de perros rabiosos. ¿Quién podía dormir, sabiendo el futuro propio y el de Cuba, en manos de aquel lunático? Para más certeza, por aquellos días, no teniendo qué leer, me enfrasqué en un libro que nadie leía: creo que se titulaba "La historia del partido bolchevique en Rusia". Era un purgante, pero continué. Y cuál no sería mi sorpresa, cuando me encuentro con una foto de Lenin cuando llegaba a Rusia, al triunfo de la revolución, haciendo un discurso en la estación del tren, con una paloma al hombro, igual que Fidel cuando bajó de la Sierra que llegó a La Habana, e hizo su primer discurso en el campamento Columbia. ¡Qué hombre más inescrupuloso y traidor Fidel! Aparecerse en su primer discurso a los cubanos, con una paloma al hombro, igual que Lenin cuarenta y dos años atrás. Y el pobre pueblo, inculto políticamente, conmovido por aquella paloma ¡Qué milagro de Dios!, decían las mujeres y se persignaban, y la paloma sobre aquel hombro inquieto, sin atreverse a volar, porque ella era un animalito muy inteligente, y sabía que sus alas no podían con el peso de las bolitas de plomo que le habían metido en el buche.

Qué triste papel en la historia les tocó desempeñar a aquellas pobres palomas: santificar a estos dos monstruos diabólicos.

En la circular siempre había gente entusiasta, que preparaba actos para las fechas patrias, que en las navidades montaban un coro de voces para cantar los villancicos en el día de pascuas, que hacían peñas martianas, etc.

En una ocasión planificaron hacer un acto para el día de las madres. Para esto, con antelación, se pidió permiso a la dirección a través del rejero. Cuando se recibió la autorización, se dieron a la tarea de preparar el programa. Ya se ha dicho que en el presidio estaban representadas todas las manifestaciones de la cultura nacional: había boxeadores profesionales, artistas de radio y televisión, cantantes, declamadores, magos, entre otros y con este elenco, se iba a montar el show. El escenario sería en la planta baja. Llegó el esperado domingo. Desde temprano comenzó el espectáculo. Con unas sogas hechas de sacos deshilachados se armó el ring. Primero hubo dos o tres peleas amateur, con la escuadra que entrenaban Marcelino Gonzales y Mariano Guzmán, después, como pelea estelar, una exhibición que dieron Marino Bofil y Marcelino. Fue una pelea bonita, digna de los mejores cuadriláteros. Después el mago hizo su número. Más tarde, cantó uno que le decían "La Mulata de fuego". Seguidamente, "El Chico Roly", que salía por televisión, jinete en un caballo negro, haciendo demostraciones de su destreza con el lazo, también hizo su número, y para cerrar el acto, se presentó Emilio Castaño a declamar una poesía.

Porque Emilio Castaño, era como el Ave Fénix, que renacía de sus cenizas. Los primeros días siguientes a su llegada, se la pasaba en su "paño" del sexto piso, bajaba solamente a bañarse y buscar la comida. —Cierto es que nadie lo molestó—. Allí, en el "paño" se dejaba oír, muchos subían para escuchar sus recitales. Después se le fue viendo por los distintos pisos, cuando alguien cumplía año y lo invitaba para que le recitara, hasta que ya andaba por toda la circular y ni él ni nadie se acordaba de sus flaquezas. —Castaño era como cuando cae un objeto en las aguas tranquilas de un estanque, que la ola va ampliando su círculo hasta chocar con las orillas—.

Ese día bajó bien vestido, con su única muda, como teníamos todos, con las tres "P", bien planchada. Caminó lento hasta el escenario. El animador hizo la presentación y recibió un aplauso. Se hizo silencio. Castaño dijo el título de la poesía que iba a recitar: "Toito te lo consiento", de un poeta español. Comenzó con voz tenue, pero a medida que avanzaba, iba cobrando timbre.-Ésta es una poesía muy larga, tiene setenta y ocho estrofas, pero Castaño tenía una memoria asombrosa, las poesías le salían limpias, sin equivocaciones-. Ya andaba por más de la mitad, la voz se le escuchaba fuerte y sonora en aquel silencio expectante de la circular. —En esta poesía, el enamorado le dice a la novia, cuan sublime y grande es para él, el amor de su madre y le exige que se la respete—.

> *"Tienes que hacerte la cuenta*
> *que la viste en los altares*
> *y ponerte de rodillas*
> *antes de hablar de mi madre,*
> *porque este amor que te tengo*
> *se lo debes a su amor*
> *que yo me casé contigo*
> *porque ella me lo mandó"*

115

… Cuando ya estaba casi terminando, que le faltaban unas estrofas, se le empezó a sentir la voz quebrada, porque Castaño se metía en sus personajes, sufría con ellos. Al final, dijo las últimas estrofas llorando

"¡Por Dios no me la avasalles
qué madre no hay más que una
y a ti…a ti te encontré en la calle!"

Recibió una ovación y un aplauso enormes y muchos lloraron también, porque en el tema de la madre es donde el preso tiene más blanda la coraza para llegarle a los sentimientos.

Y este Castaño, rey de nuevo, volvió a caer de su trono, esta vez, sí, para no levantarse jamás.

Al poco tiempo se fue para el plan, y no por esa razón, porque muchos se fueron y nadie los criticó ni se les guardó rencor, en definitiva cada uno tenía derecho a hacer con su vida lo que quisiera. Pero Castaño hizo mucho daño. Allá en el plan, montaron una obra de teatro de la cual él era el actor principal, que se titulaba "La Libertad a Tres Pasos". Esta obra fue presentada en muchos escenarios y en ella se denigraba y escarnecía a los presos que quedamos en las circulares y eso creó un sentimiento de repudio muy grande contra los que se acogieron al plan, que de no haber sido por la obra, nunca hubiese sido así… y Castaño fue el culpable.

Pasados muchos años, ya en libertad, tropecé con él en un bodegón que muchos que conozcan La Habana recordarán, que estaba en la esquina de Tamarindo y Diez de Octubre. Me reconoció y lo saludé, estaba medio borracho y baboso, hablando incoherencias y justificándose de su pasado. Finalmente me dijo: "Yo sé que mi vida ha sido una mierda".

Desde la circular, mirando hacia el este, todas las mañanas, se podía contemplar un cuadro que muchos presos habrán de recordar. Era un trío que formaban unos animales de muy distintas especies: un caballo, una cabra y una garza. Era increíble la armonía silenciosa que reinaba entre aquellos tres seres. Se reunían cerca de la circular, dentro del perímetro cercado. Como los presos estábamos siempre tan ansiosos por encontrar entretenimiento, nos poníamos a vigilar a través de las rejas de la ventana, el encuentro de todas las mañanas. Primero se divisaba al caballito, —digo así porque era un caballo pequeño—, venía lento, con los belfos al ras de la hierba, cogiendo un mordisco aquí y otro allá, como desganado y moviendo la cola. Llegaba al punto de todos los días y se quedaba por allí, perezoso. Al poco rato veíamos a la cabra, que venía más ligera, dando saltos y carreritas cortas. Cuando llegaba donde el caballo, se miraban como saludándose, y empezaban a mordisquear el pasto. Al poco rato se divisaba la garza, en vuelo descendente desde la montaña. Cuando llegaba donde sus compañeros, hacia su maniobra y se posaba sobre el lomo del caballo... y ahí comenzaban la faena del día. El caballo y la cabra pastando, una muy cerca del otro y la garza desde su mirador, ojo avizor. Cada vez que saltaba un insecto sacado de su escondrijo, se lanzaba ella a tierra, lo engullía y volvía de nuevo a su atalaya. Era interesante contemplar aquella escena, más sabiendo que no era producto de la casualidad de un día, sino que era diario y por bastante tiempo. Algo digno de ser tomado como argumento para una de esas fabulas que se escriben para enseñar a leer a los niños, y para nosotros, tan presos, un pasatiempo y a la vez, la ilusión de que todo en el mundo no había cambiado, que todavía había alguien que era feliz.

Cuando arreciaba el sol, el caballito tomaba la iniciativa del regreso y la cabra lo seguía hasta que los separaban sus caminos, y la garza remontaba el vuelo ascendente hacia la montaña. —Esto repito, fue por un buen tiempo y deben quedar por ahí ojos que no se han cerrado todavía, que lo presenciaron igual que los míos—.

Un día no vino más la cabra. Sus compañeros se veían distintos, como que la extrañaban y nosotros también. Poco tiempo más tarde, tampoco vino más el caballo.

He dicho que el propósito de estas páginas es plasmar los recuerdos de los hechos y las personas que más me impactaron a través de mis años en la prisión, por lo que no quiero dejar fuera de ellas, a un individuo, que por su actitud ante la vida, me dejó un recuerdo de admiración y enseñanza.

Se llamaba Rubén Marrero Gámez. Nos acercó el hecho de que teníamos el mismo apellido. No éramos familia, pero él me decía primo y yo se lo decía también. Era oriental, nacido en las estribaciones de la Sierra Maestra. Se crió en un hogar muy pobre, era totalmente analfabeto, nunca en su vida fue a una escuela. Como que vivía dentro del escenario de la guerra, al quedar suspendidas las actividades de recogida de café, que era su *modus vivendi*, se enroló en el ejército rebelde para poder subsistir. Terminada la guerra, vino para La Habana.

Él decía riéndose, que ahí fue que por primera vez vio el asfalto. Me contaba que en los primeros tiempos estaba contento con su nueva vida, tan distinta a como él vivía, en aquella miseria, pero que más adelante, empezó a sentir malestar. No le gustaban las cosas que veía, ni lo que se vivía dentro del ejército, donde había oído discusiones entre los oficiales y sabía que algunos habían caído presos. Ni le gustaba lo de tantos fusilamientos, que ya no eran solamente de la gente de Batista. Al fin decidió apartarse del ejército, e incorporarse a la vida civil, a vivir como pudiera. Cuando se presentó a pedir la baja, se la negaron. Tuvo discusión con los oficiales y lo encerraron en un calabozo. Finalmente le hicieron juicio y lo condenaron a nueve años... y lo que asombra, es de admirar y una enseñanza, ¿por qué Rubén Marrero, que la revolución lo sacó de la miseria en que vivía, y lo trajo a la civilización, por lo que debía estarle agradecido, decidió apartarse de ella? Porque intuyó que las cosas no marchaban bien; porque Rubén Marrero era un hombre bueno y ya en la revolución no cabían los buenos. A partir de aquellos primeros años, el que siguiera "sintiéndose bien" dentro de la revolución, (no me refiero a quien estaba por no tener otra alternativa) es porque no era bueno. Se justifica que cualquiera hubiese estado entusiasmado hasta esos tiempos y que tomara muchas de las cosas que estaban pasando como errores producto de la inexperiencia y la dinámica de los acontecimientos... pero hasta ahí. ¿Cómo una persona que no fuera mala, ni envidiosa, ni frustrada y toda esa araña negra de malos sentimientos que puede esconder dentro un ser humano, podía contemplar con beneplácito, todo lo que estaba sucediendo en Cuba? ¿Esos fusilamientos públicos, que a pesar de lo convulsa que había sido Cuba siempre, no se habían visto más desde la época de la colonia, cuando fusilaron a los ocho estudiantes de medicina; la pérdida de las libertades civiles, el acoso a la prensa libre, los encarcelamientos, las declaraciones de Fidel proclamándose Marxista Leninista, las intervenciones indiscriminadas de la empresa privada, comenzando por las grandes industrias y comercios hasta llegar a los sillones de limpiabotas? Todo el que participó en esto es porque era malo, porque llevaba la araña negra por dentro. Y el que se cruzó de brazos, tiene pecado también, por lo que dijo Martí: «*"Contemplar un crimen en silencio, es cometerlo"*».

Fidel se declaró Marxista Leninista en el año 1961, pero lo fue siempre, por algo la paloma de Lenin sobre el hombro. Se abrazó al comunismo porque era la doctrina que mejor encajaba con su modo de ser.

El comunismo es la filosofía política idónea para que los seres humanos canalicen sus malos sentimientos. Cuanto frustrado, envidioso y acomplejado exista, se cobija bajo la bandera del comunismo... y no importa la posición económica, ni raza, ni sexo, ni nacionalidad, ellos se reconocen y se dan la mano. No todos los malos del mundo son comunistas, pero todos los comunistas del mundo son malos, y el que no, es porque está en la fase teórica, cuando pase a la práctica... ya veremos.

¡Qué mejor ejemplo que el que nos ha tocado vivir en Cuba, donde los malos llevan más de cincuenta años en el poder!

Rubén Marrero nunca se lamentaba por los sufrimientos que estábamos pasando, parece que los daba por bien empleados, con tal de haber podido salirse del ejército y no verse como esos guardias que nos cuidaban, la mayoría orientales como él, embrutecidos y asesinos. Él aprovechó bien la prisión. Tenía unas ansias inmensas de superarse. Se pasaba el día con una libreta manoseada bajo el brazo, recibía su clase y se metía en cualquier otra, como oyente discreto. Cuando salió, leía y escribía a la perfección... ¿Qué habrá sido de Rubén? Cuando cumplió su condena, dos meses después que yo, pasó por mi casa y estuvo dos días conmigo, después, continúo su camino hacia su Oriente natal.

En la Isla, en el pabellón dos, estaba un grupo de los invasores que Fidel cogió presos cuando la fracasada invasión de Playa Girón; el resto estaba en el Castillo del Príncipe, en La Habana. Fidel tenía a estos presos como una mercancía de cambio, sabía que el gobierno norteamericano estaba comprometido con ellos, por lo que estaba dispuesto a pagar por su rescate. Pasado un año de la invasión, empezaron las conversaciones entre los representantes de los dos gobiernos para tratar el asunto del intercambio. Tuvieron varias reuniones buscando ponerse de acuerdo entre oferta y demanda (Fidel maquiavélico como siempre, tratando de sacar la mejor tajada) al fin llegaron a entendimiento y se realizó el intercambio de prisioneros por medicinas. A esta operación Fidel la llamó: "canje de mercenarios por medicina". Nosotros, los que estábamos presos por contrarrevolución, estábamos muy pendientes de este intercambio. Ya hemos dicho que en la circular había un radio que todas las noches sintonizaba "La Voz De Las Américas" y que se hacía circular un periódico para que todos estuviésemos al tanto de los acontecimientos. Con la operación del canje de los invasores, tomó fuerza la esperanza de que los americanos también podían preocuparse por nosotros. En fin de cuentas, éramos igualmente luchadores por la libertad, los valientes opositores al comunismo, que enseñaba sus garras a noventa millas de sus costas.

Enseguida empezaron las especulaciones: que si Fidel, con la situación que se le avecinaba por el bloqueo, le iba a seguir sacando provecho a los americanos, esta vez con nosotros; que si se estaba tratando el asunto nuestro en el congreso de los Estados Unidos. El radio no daba muchas noticias, pero como en todas las circulares había gente que recibía visitas, venían

121

de la calle. Una vez entró una que decía que alguien habló con un familiar que tenía en Estados Unidos y que éste le dijo que en el aeropuerto de "Opa-locka" estaban habilitando unas instalaciones para cuando nosotros llegáramos ¡Qué fuerza cogió esta noticia! Y como se manoseó ese nombrecito de Opa-locka (¿Quién me iba a decir entonces, que era ahí donde iba yo a comprar un terrenito para mi última morada?).

Las noticias se pasaban de circular a circular por la clave Morse, menos entre la tres y la cuatro, que estaban a quince metros de distancia y se tendía un hilo de quinto a quinto piso y por ahí corrían una bolsita con las noticias. Una vez el guardia de ronda miró para el cielo y vio una golondrina estática, entre las dos circulares. Se quedó perplejo, ¿cómo podía esa golondrina sostenerse en el aire sin mover las alas? Fijándose bien, vio que estaba posada sobre un hilo muy fino. Salió corriendo a dar la alarma, pero los presos lo vieron. Cuando entraron a la circular a por el hilo, ya no había nada.

Entre la cuatro, la uno y la dos, sí era a través de la clave Morse. Había expertos en ese lenguaje. Una vez estaba Juan Pérez Báez, paleta en mano, recibiendo noticias de la circular uno. Lo auxiliaba "el Morito", Máximo Cora. Estaban en el quinto piso, en la celda de un amigo que vivía obsesionado por las noticias. Ellos, para divertirse un poco a costa del amigo, cambiaron el texto. Juan Pérez, haciéndose el emocionado, le dictaba al Morito "que en el congreso de los Estados Unidos habían aprobado el canje de todos los prisioneros políticos cubanos por alimentos y medicinas". Cuando se dieron cuenta, el amigo había desaparecido. El hombre salió corriendo dando la noticia por todos los pisos. Al poco rato estaba la circular que hervía. Se escuchaba un murmullo sordo, todos los presos por el pasillo y algunos se abrazaban. A estas noticias se les llamaba "bolas" y eran igual que una bola de nieve, que mientras más corre, más tamaño coge. El preso daba la vida por una buena bola, porque le ponía el ánimo a volar, pero cuando se desinflaba, lo arrastraba por el piso.

El tiempo seguía pasando y no sucedía nada; la gente se iba decepcionando y perdían la ilusión en "el canje"... aquí lo que hay es que "halar como el tabaquero", ya se decía, que quería decir, echar años para atrás.

Ante esta desesperanza, el plan de rehabilitación empezó a hacer sus estragos. De cuando en vez, llamaban a alguien, creo que al azar, lo llevaban a la dirección y le planteaban que se acogiera al plan. Muchos no querían oír hablar de eso, pero tenían que permanecer callados y escuchar. Cuando regresaban a la circular, que hacían el cuento, no se percataban que eran voceros de las promesas y prebendas que le ofrecieron y esto sí encontraba oídos receptivos. Algunos empezaron a bajar a la planta baja y le decían al guardia del rastrillo que se iban a acoger al plan, que los sacara. Aquello daba dolor, porque era alguien que abandonaba la causa, pero entre nosotros reinaba el espíritu democrático, donde cada uno tenía derecho a decidir sus pasos. Además, que había que aceptar que no todo el mundo tenía la misma situación. No podía ver las cosas igual, el que tenía cincuenta años y le habían echado veinte de condena, al que tenía veinticinco y lo condenaron a diez. Ni era igual, para quien no tenía preocupaciones de hijos y esposa, que para quien dejó tres hijos pequeños y la esposa que le reclamaba que estaban pasando necesidades porque les faltaba el padre. Y no todos los padres eran como Carlos Manuel De Céspedes

"EL PADRE DE LA PATRIA" que prefirió sacrificar a su hijo, a claudicar ante los españoles. Es cierto que el plan creó una división entre nosotros, producto de la actitud de algunos que se envilecieron, pero la mayoría que se acogió al plan no fue así. A los que se acogían al plan los trasladaban primero para uno de los edificios rectangulares que había dentro del presidio y como las circulares eran redondas y aquellos no, por eso a los que se rehabilitaban les decían: "se fue para la cuadrada".

Todas estas vivencias que he contado han consumido alrededor de un año; año que todavía llevábamos sin visitas. Desde el principio, hubo mucha gente que aceptaron, otros fueron cediendo después, pero la mayoría no cedía por una cuestión de principios o tozudez, pero como dije ya, ésta era una decisión que no repercutía sobre uno solamente, sino, en otras personas, seres tal vez, a los que se quería más que a uno mismo. Yo personalmente estaba sufriendo mucho esta situación. Las cartas que recibía mensualmente de mi hermana eran tristes. Me contaba el deterioro de la salud de mamá. Me decía que estaba muy delgada, no comía y que estaba alterada de los nervios. Un día llegó una, diciéndome que mamá estaba ingresada en un centro de salud mental y que la doctora que la atendía, le había dicho que no era mucho lo que podía hacer por ella, dados los motivos que la tenían así y que no quería llegar al extremo de los electroshock… y ahí se soltó, sin miramientos, mi hermana. Me decía que mamá era de los dos y que si yo no la quería, allá yo con mi conciencia, pero que no tenía derecho a matar la parte que era de ella. Y me decía: "no te entiendo mi hermano, no entiendo a alguien que quiera más su "machería" (esta fue la palabra que empleó) que a su madre" y terminaba diciendo: "si a mamá le pasa algo, te va a pesar para toda la vida…" y no se despidió: Estaba tan dolida conmigo, que me dejó sin el beso y el abrazo que me mandaba siempre. Casi no pude dormir esa noche, me parecía ver el dedo acusador de mi hermana. Al fin tomé la decisión… iba a coger la visita. Por la mañana reuní a mis amigos, a los que le debía una explicación, les mostré la carta y les comuniqué mi decisión: todos estuvieron de acuerdo, nadie me lo reprochaba. Le di mi nombre y número al rejero para que le hiciera llegar a la dirección mi decisión de coger visitas y cuando me autorizaron y dijeron la fecha, le pasé un telegrama a mamá.

Meses atrás, había corrido la noticia de que habían detectado casos de tuberculosis entre la población penal. Parece que era cierto porque mandaron a los médicos de cada circular a confeccionar listas para ir llevando grupos a la enfermería para hacerles análisis. Yo me apunté. El dichoso día de la visita, ya preparado y contento para ver a mamá, vino un guardia con una lista al rastrillo y entre los que llamó el rejero, me nombró a mí. Bajé enseguida y le dije al rejero que le dijera al guardia que no iba para el hospital porque tenía visita. No hubo manera de convencer a aquel energúmeno: "si está en la lista, tiene que ir y si no, para el pabellón de castigo". Tuve que ir, pero tenía la esperanza de que regresaríamos a tiempo. En la enfermería los muchachos del grupo me dieron el primer lugar para que me sacaran la sangre, pero aquello iba para largo. Como a las diez de la mañana, se empezaron a escuchar gritos de la circular donde me decían mis amigos que me estaban llamando para la visita. Se lo dije al guardia, pero me dijo que él estaba solo y que no podíamos regresar hasta que todos se hicieran los análisis. Regresamos como a la una, me quedé en la planta baja, esperando que vinieran a buscarme, pero nadie vino. ¡Qué culpable me sentía! Mamá vino y no pudo verme, le habrán dicho que estaba para el hospital. ¡Con qué tristeza regresaría y cuántos malos pensamientos habrán pasado por su mente!

Como a las cinco de la tarde, me llamaron a la planta baja para que fuera a recoger la java de la visita. Mandé a un amigo a por ella. La java era grande, porque como ellos querían endulzar a la gente para que cogiera visita, no le sacaban nada. Mamá era exagerada para las cosas de la comida, venía medio puerco frito, arroz congrí, varios dulces caseros, leche en polvo, gofio, chocolate…. La ley para la java de la visita eran veinticinco libras, pero ésta tenía como cincuenta.

Se reunieron todos los de mi cooperativa y algunos amigos que mandé invitar. Estaban ansiosos por empezar a comer, con esa hambre vieja que teníamos todos, pero pesarosos por lo que me había pasado. Les dije que comieran ellos, que yo no podía comer. Era verdad que no tenía apetito, pero si lo hubiese tenido, tampoco hubiera comido… como castigo. Mientras ellos comían, me senté en el hueco de la ventana, encogido, mirando para la oscuridad, a sufrir.

Al día siguiente le escribí a mamá explicándole lo sucedido; al menos una vez recibida la carta, ya no seguiría pensando que estaba para el hospital porque me encontraba enfermo.

Mamá conservó celosamente todas las cartas que le hice desde la prisión.

En la primera ocasión que mi hermana vino a esta ciudad, me trajo una que le envié por el día de las madres; me dio mucha emoción que volviera a mis manos después de casi cincuenta años y poder leer lo que le escribí a mi vieja en aquel momento…. Insertaré la copia.

Esa flor me la pintó un amigo con sus colores en el original. Podrán ver cómo las palabras "sin libertad" están tachadas por los sensores.

Hago la transcripción porque es difícil leer la letra tan pequeña:

Mayo 1 de 1966

Querida madre:

*Te escribo vieja después de largo tiempo sin hacerte unas letras, porque
ya se acerca ese día del año en que todo hijo siente la necesidad de testimo-
niarle su cariño a esa santa y buena mujer que le ha dado el ser.*

*Ya llega "el día de las madres" y yo no podré pasarlo contigo madre
mía, ni hacerte un bonito regalo: Dios ha dispuesto que una vez más
pasemos ese gran día separados; pero te hago esta carta para que, aunque
sea de esa forma, recibas un beso y todo el cariño y la ternura de tu hijo
ausente.*

*Yo sé lo que significan estas fechas señaladas para ti, y sería dema-
siado; sería no tener en cuenta tus sentimientos de madre, pedirte que no
te aflijas; pero lo que sí quiero es que nunca te dejes vencer por las penas
y pierdas la fe. Mira al futuro madre mía, y no te detengas a contemplar
ésta etapa triste y dolorosa para todos; triste para ti que tienes un hijo
preso, más triste para otras madres que ni aun siquiera tienen el consuelo
de esperar el regreso del suyo y triste para nosotros, hombres sin libertad.
Mira al futuro vieja, como hago yo, y ten confianza en él. El futuro nos
dará tanta felicidad como sufrimientos nos ha dado el presente. Por cada
cana que te ha salido en estos años, tendrás una recompensa, un motivo
que te haga dulce y agradable la vida. Dora y yo nos ocuparemos de que
tengas una vejez cargada de nietos para que sufras por ellos, que es la
forma más bella y sublime de la felicidad humana. Ahí tienes a Dora que
ya se prepara para darte el primero. Esto que estamos viviendo es pasajero
madre, y aunque duro, ha sido quizás hasta cierto punto beneficioso como
te he dicho ya en varias ocasiones. Nosotros hemos tenido oportunidad de
ser felices y no la hemos aprovechado a plenitud: siempre preocupándonos*

por las pequeñas cosas: ya ves yo mismo, en mi inexperiencia cuantos disgustos te daba. Tal vez la vida, en justo castigo, nos ha hecho esto para que aprendamos a vivirla mejor, aunque bien sabe Dios que tú no mereces ser castigada. Pero bueno, ya todo pasará y quedará atrás como una pesadilla; así la vida nos sabrá mañana como el puñado de azúcar después de la cucharada amarga. Bueno vieja, ya termino. Para el viejo y Omildo un fuerte abrazo; para abuela, que es la madre más vieja de la familia y para Dora que muy pronto será la más joven muchos besos. Dile a Marta que felicite a su mamá en mi nombre y que la bese. A ella le envío mucho cariño. Y tú:

> No sufras mis penas, madre mía
> ya que fuerte y resignado tú me hiciste
> y a tu lado volver pienso algún día
> con la fe y el valor que tú me diste.

Te quiere,

tu hijo Máximo

PLAN DE TRABAJO FORZADO
"CAMILO CIENFUEGOS"

No sé cómo será en la actualidad pero en las décadas del sesenta y setenta, que fue cuando más presos políticos hubo en todo el proceso de la revolución y tal vez en la historia de Cuba, las condenas eran a: "tantos años de privación de libertad y de trabajos forzados". En aquel momento nadie le paraba mientes a ese agravante; se pensaba que sería como una frase hecha que existía en el código penal o para darle más énfasis a la condena. ¿Cómo se podía pensar que iban a poner a trabajar a tantos miles de presos y dónde? Uno solo se enfocaba en los años que le echaban, pero con el tiempo, pudimos constatar que lo de "trabajo forzado" no era ninguna frase hecha, sino un plan preconcebido, para en su momento ponerlo en práctica. Ya la revolución llevaba cinco años en el poder y se veía a las claras que era una copia al carbón del modelo Soviético y por algunas lecturas y aseveraciones de gente vieja, que poseía conocimientos, se sabía que a los presos en Rusia los llevaban para la Siberia a realizar trabajos forzados talando bosques y que morían de hambre y de frío... Isla de Pinos iba a ser para los presos cubanos, lo que Siberia para los presos rusos: un pedazo de la patria y un momento de la historia para recordar con tristeza.

Empezaron los rumores. Recordábamos lo que dijo Morejón la noche que nos castigaron desnudos en la planta baja por

131

lo de "componte canallón"; que nos iban a poner a trabajar. Después casi tuvimos la seguridad cuando vimos que sacaron un grupo, formaron una brigada y los llevaron al campo a realizar labores, parece que a modo de ensayo —a esto se le llamó "plan Morejón"—. Finalmente ya estuvimos seguros cuando se vieron camiones llegando al almacén, que estaba en los bajos del comedor y se veía de las circulares y descargar bultos con ropa, zapatos y sombreros.

Ahí empezaron las especulaciones: que sería solamente a un grupo, quizás los de más baja condena; que cómo iban a sacar a tantos miles al campo y evitar que la gente se fugara, cuando ya de las circulares había habido fugas; y cómo nos transportarían, etc.

Al fin llegó el día. Frente a la circular, temprano en la mañana, llegó un grupo de guardias donde se veían oficiales y a Morejón, el jefe de orden interior. A través del rejero comenzaron a llamar listas por nombres y números para que saliéramos y formáramos fuera. Nos ubicaron en grupos de cincuenta, formados de dos en fondo. Un oficial ordenó silencio y dijo que iba a comenzar el plan de trabajo forzado, que nuestra condena así lo especificaba y que por lo tanto era obligatorio. El plan se denominaría "Camilo Cienfuegos".

Es posible que alguien de las nuevas generaciones que lea estas páginas se pregunte quién fue Camilo Cienfuegos. Camilo figuraba entre los cuatro comandantes más destacados al triunfo de la revolución, que eran: Fidel, Raúl, él y El Che. Era un personaje carismático que gozaba de la simpatía del pueblo y que no tenía la fama de mano dura y radical que tenían Raúl y El Che, que se aseveraba que por la más leve indisciplina fusilaban a sus soldados.

En los primeros meses de la revolución, otro comandante de renombre, Huber Matos, viendo la orientación comunista que Fidel le daba a la revolución, le mandó su renuncia por escrito. Fidel envió a Camilo a Las Villas en una avioneta para que trajera a Huber para La Habana. De regreso, desapareció la avioneta con Camilo. Se dice que como no trajo preso a Huber, Fidel la hizo desaparecer. —Después se ha sabido que entre ellos ya existían discrepancias—. En los primeros momentos, Fidel montó un aparatoso operativo de búsqueda. A los pocos días se corrió la noticia que Camilo había aparecido. El pueblo se lanzó histérico a las calles a celebrarlo. Más tarde se supo que no era cierto, pero se especula que si todavía estaba vivo, algo que podía ser posible porque nunca se encontraron restos de la avioneta accidentada, esta manifestación del pueblo cavó su tumba. Fidel no soportaba que alguien a su alrededor le quitara brillo y Camilo era muy popular... Después se ha visto como fue eliminando a todos los que le hicieron sombra. Fidel ha sentido siempre un celo enfermizo por ser la figura principal, la única, tanto así, que teniendo esposa con hijos, no la ha reconocido nunca públicamente, por no tener que presentarse con ella en el escenario y que "la primera dama" le robara parte de su papel protagónico.

Camilo quedó como un mártir de la revolución al que todos los años, en la fecha de su desaparición, se lanzan flores al mar. En Cuba hay cientos de calles, parques y escuelas que llevan su nombre, y a pesar de que los que ostentaban con él la cúpula del poder resultaron unos asesinos, igual que su hermano Osmani Cienfuegos, que cuando la invasión de Playa Girón, metió a los presos en un camión "conteiner" sin ventilación y cuando llegaron a La Habana habían muerto nueve por asfixia, nadie dice de él que fue malo, y si lo era, Fidel no le dio tiempo para demostrarlo. Lo que sí tendió para siempre una sombra negra sobre su memoria, fue el plan de trabajos forzados al que sometieron a los presos en la Isla que llevó su nombre. Esos tres años que duró el plan de trabajo "Camilo Cienfuegos", fue la época más crítica que vivió el presidio político; cuando más muertes por asesinato hubo, más golpes y más sufrimientos. Esos campos de la Isla guardan el secreto de los horrores que se cometieron con nosotros, solo comparable con lo que sufrieron después los presos de la prisión de Boniato.

Lo de la ubicación de todo el personal en brigadas y bloques duró unos días. En este proceso hubo presos que se pararon de frente y dijeron que no iban a trabajar, entre ellos, Alfredo Izaguirre Hornedo, que fue el único que no trabajó nunca. Fue golpeado y torturado casi hasta la muerte pero no trabajó. A estos "plantados" al plan de trabajo como se les llamó, los llevaron para los pabellones de castigo. Eran varios, entre ellos, Robertico López Chávez, que estando allí se declaró en huelga de hambre; se negó a ingerir alimentos pero no líquidos, pero los guardias le quitaron el agua también… Robertico murió en pocos días; dice Juan Pérez Báez; que estaba en una celda cerca de él, castigado también por negarse a trabajar, que se escuchaban sus gritos con la voz ya gangosa y cada vez más tenue pidiendo ¡agua agua…!

Llegó el día en que nos sacaron a trabajar. Iban llamando por bloques… el mío era el siete. Formamos frente a la circular, nos contaron y salimos caminando hasta la entrada principal de la prisión. Allí había una cantidad impresionante de camiones del ejército de fabricación rusa, preparados para transporte de tropas. Nos hicieron abordarlos apretujados como sardinas, amenazando con pinchar a los últimos si no le hacíamos espacio. Partió la caravana, detrás un camión con muchos guardias con fusiles con bayoneta calada, apuntando para nosotros.

Es difícil describir el cúmulo de emociones que lo embargaban a uno por dentro. Teníamos conciencia del atropello, de la injusticia y de la ofensa a la civilización que significaba el ser esclavo en el siglo XX, pero verse fuera de la circular, que cuando uno entró en ella le parecía inmensa, pero que después se fue poniendo tan pequeña que sentía que ya no cabía dentro; ver la gente de civil en los pueblos que atravesábamos vestidos con ropas de diferentes colores; sentir el aire frío de la mañana golpeándote la cara y aspirar los olores del campo, eran sensaciones que provocaban en el subconsciente una ilusión de libertad. Hicimos el viaje en silencio, levitando en aquella ensoñación y dejándonos engañar por los espejismos de los sentidos.

Los camiones se detuvieron en una llanura donde no había vegetación. La guarnición se desmontó primero y se desplegaron montando un círculo a nuestro alrededor, bajamos nosotros, formamos por brigada y pasaron lista por número; este pase de lista iba a ser tres veces al día por mucho tiempo: por la mañana, cuando salíamos de la circular, cuando llegábamos al campo y por la tarde cuando emprendíamos el regreso.

Allí habló el sargento Juan Rivero que era el jefe del bloque y se veía una persona sádica y taimada. Dijo que íbamos a trabajar cortando las hierbas malas que se veían diseminadas por el pasto y nos mostró una pila de machetes para que cada uno cogiera el suyo; también repartió unas limas para que les sacáramos filo.

Yo me crié en el campo y creo que mi primer juguete debe

haber sido un machetico sin filo que me puso papá en las manos, por lo que todo me era familiar, pero allí la mayoría era gente de pueblo, que nunca había tocado un machete ni visto una lima. Los cabos de la brigada eran casi todos guajiros orientales, tan ligados al machete que es fama que sus problemas los dirimían siempre a machetazos. Ellos al principio demostraron paciencia tratando de enseñarnos a todos, pero se sabe que no hay alumno más bruto que el que no quiere aprender… después la enseñanza fue a planazos.

Empezamos a cortar malezas por el potrero, la guarnición a círculo cerrado avanzando con nosotros. Al poco rato llegó un tractor tirando una carreta con un tanque de agua. El sargento sacó al preso más viejo y le dio un cubo para que repartiera —a este oficio se le denominó "el aguatero"—. Al mediodía llegó un camión con el almuerzo. En los primeros tiempos del plan, la comida la traían al campo más tarde, como para que llegara caliente, pero después, esa consideración se acabó; venía desde por la mañana con nosotros, cocinada tal vez a primera hora de la noche y cuando llegaba el momento del almuerzo, los macarrones eran un bloque duro y frío como una piedra. El almuerzo era casi siempre a pleno sol, si había algún árbol por los alrededores era para la guarnición. Era un suplicio tener que comer al sol, con ese macarrón blanco y el plato de aluminio que brillaba y hacía lagrimear los ojos.

El regreso para la prisión era al oscurecer, casi todos los bloques llegando a la vez a la entrada de la circular. Se hacían dos colas de a uno en fondo y cada cabo requisaba su brigada; te hacía correr las dos manos por cada pierna desde el tobillo hasta la ingle, después te palpaba la cintura y el torso hasta abajo los brazos y te ordenaba quitarte el sombrero. En el bloque nuestro estaba Ulises Misa que tenía una cosquilla que no podía controlar; con tan solo hacerle un ademán, empezaba a tirar manotazos. Él se quedaba el último, se quitaba la ropa y los zapatos quedando solo en calzoncillos y lo ponía todo para que el cabo lo registrara, pero que no lo tocara.

Desde que entrabamos a la circular ya empezábamos a enterarnos de lo que había sucedido en otros bloques: que si a fulano, del bloque tal, le dieron una golpiza; que si a mengano le dieron un pinchazo y tuvieron que llevarlo al hospital para que le dieran puntos. Todos los días pasaba algo. El bloque con el que más se ensañaban era el diecinueve, que era el de la cantera, picando piedras. Allí habían ubicado a los estudiantes y a los que tenían por más recalcitrantes y les pusieron a los cabos más abusadores y sanguinarios. En este bloque había golpizas y heridos todos los días.

Cuando llamaban al bloque por la mañana que formábamos frente a la circular y pasaban lista, muchas veces faltaba alguien. El cabo le daba el número al rejero para que lo llamara y si no se presentaba, el bloque partía sin él; pero esto no dejaron que sucediera muchas veces. Una vez que habían salido todos los bloques, venía un grupo de guardias a la circular, mandaban bajar a todo el personal y los que no estaban justificados por el médico como enfermos para quedarse, los llevaban para un lugar que le decían "La Mojonera". Ésta era como una charca que desde el sexto piso de la circular se distinguía a lo lejos por las hierbas de la orilla que crecían más altas y verdes. Ahí era donde se estancaban las aguas negras de todo el complejo penitenciario. —Yo tuve la suerte de no tener que verla, pero por lo que contaban, era la charca del infierno—. Hacia las orillas se formaba una capa gruesa con los detritos y excrementos donde hervían los gusanos y allí los hacían a ellos sumergirse hasta el cuello a base de golpes y los hacían arrancar las hierbas de la orilla y sacar basuras. Por esta tortura pasaron también muchos de los que inicialmente se negaron a trabajar. Cuando regresaban a la circular daba escalofríos verlos; parecían como momias, con la ropa tiesa, el pelo entorchado y apestosos…y muchas veces manando sangre por las heridas, esto por supuesto se fue acabando, ¿quién por coger un día de descanso, se atrevía a correr ese riesgo? Y así, día tras día, año tras año fueron ellos acabando con la resistencia inútil del preso.

El trabajo de los bloques consistía principalmente en el mantenimiento e incremento de los pastizales y de los cítricos. En esa época Fidel tenía la fiebre de aumentar la producción lechera y todos los terrenos incultos los mandó limpiar y sembrar pangola; todo eso con el trabajo de los presos, que teníamos que cortar la hierba, sembrarla en los terrenos preparados y regarle abono.

El cítrico era el principal cultivo en Isla de Pinos. Se dice que allí estaban los mejores terrenos para ese renglón. Quién no conociera la Isla, no tenía la menor idea de la cantidad de sembrados que existían. Había miles y miles de hectáreas sembradas simétricamente y en plena producción, pero en total estado de abandono: la hierba cubriéndolo todo y perdiéndose las cosechas. —Éste era el resultado después que la revolución se los quitó a sus dueños—. Ahora nos tocaba a nosotros, los obreros de Fidel, hacer que aquellos campos volvieran a ser lo que fueron, que no se viera una hierba mala y no se perdieran las cosechas… y nosotros lo hicimos. Los sembrados volvieron a estar atendidos como antes y no se perdieron más las cosechas… pero a qué precio. No existe un campo de esos que no haya sido regado con sangre, ni un árbol que no haya sido testigo de las golpizas que recibíamos, por no saber manejar el machete, por tener las manos ampolladas, o sencillamente, porque el espíritu se negaba a rendirle trabajo a quien nos esclavizaba y atropellaba… y lo más increíble de esta historia, lo que lloraba ante los ojos de Dios, es que a nosotros, los que llegábamos al campo temprano en la mañana trayendo ya para el almuerzo el mismo macarrón blanco y frío de todos los días; los que cortábamos hierba, guataqueábamos y pintábamos de blanco los troncos de los naranjos para que el "Comandante y Jefe" se recreara la vista cuando venía a visitar sus predios; los que recogíamos la cosecha para llenarle el vientre a los barcos que iban para el extranjero con la preciada fruta; a nosotros, los que lo hacíamos todo, hambrientos, esqueléticos y anémicos, nos estaba terminantemente prohibido llevarnos una naranja a la boca —al que sorprendieran comiéndose una naranja, ya sabía que le costaba sangre— ¡Y que venga alguien y me diga que los comunistas no son malos!

Fidel venía de vez en cuando a visitar la Isla, por lo menos a los bloques que estuve, se acercó en dos ocasiones distintas. Nosotros éramos su obra y necesitaba vernos trabajar para alimentar su ego. En las dos ocasiones en la granja "La Reforma" que era una hacienda dedicada a la ganadería, cuyo propietario, antes de pasar a ser patrimonio de la revolución, se llamaba Cajiga. Un día estaba nuestro bloque trabajando, una parte en el batey tirando cercas y en la construcción de vaquerías y la otra en el campo, sacando hierbas malas con el pico en los potreros. Como a la una de la tarde vimos que llegaban dos camiones, nosotros nos extrañamos porque era muy temprano para regresar para la prisión. Ordenaron que formáramos, nos contaron y montamos en los camiones. Cuando nos acercábamos al batey, vimos unos Jeeps del ejército: enseguida supimos que allí estaba Fidel. Cuando se detuvieron los camiones salió él a nuestro encuentro y saludó… nadie le contestó el saludo. Dio la vuelta alrededor de los camiones y volvió a saludar, y tampoco nadie contestó. Juan Rivero el jefe del bloque estaba indignado, sacó la pistola y gritó: ¡Abajo todo el mundo cojones!, ¿cómo ustedes no van a saludar al comandante? Bajamos todos y nos ordenaron sentarnos en el suelo, entonces Fidel se acercó y empezó a hablar con naturalidad, como si nada hubiese sucedido. Dijo que había venido a ver cómo andaba la construcción de la vaquería y que lamentaba que nosotros estuviéramos así, pero que teníamos que entender el proceso revolucionario, que viéramos cómo antes de la revolución aquella hacienda tan grande era de un solo hombre y que ahora era propiedad de todo el pueblo.

Con nosotros estaba Julio Torna, un muchacho que integró las filas del ejército rebelde, que bajó de la Sierra con grados de capitán y que cuando se percató de la traición de Fidel a los ideales que inspiraron la lucha, se volvió contra él, por lo que cayó preso al igual que decenas de oficiales más. Torna le pidió la palabra y cuando Fidel lo dejó hablar le dijo: "Mire comandante, usted acaba de decir que nosotros no entendemos el proceso revolucionario, que aquí todo ha cambiado, que esta finca es ahora del pueblo… y aquí no ha cambiado nada; esta finca era antes de Cajiga y ahora es de usted, y nosotros estamos aquí por oponernos a eso". Se hizo un silencio. Juan Rivero se quería comer a Julio Torna con los ojos y nosotros asustados por él. Pensé: este pobre no termina vivo el día de hoy; pero Fidel ni se inmutó, se enfrascó en el tema con Julio; le decía que a él lo que le pasaba es que tenía mentalidad retrograda y capitalista. En ese instante se volvió y vio a Marino Bofil el boxeador, que se destacaba por negro y por grande y dirigiéndose a él le dijo: "Negro ven acá" —Bofil se acercó medio encogido, como resignado a recibir la descarga— "¿Tú no eres el que cuando las olimpiadas en Alemania del Este trató de brincar el muro?"… Bofil asintió humilde con la cabeza. "Negro… ¡carajo!", dijo Fidel, parece mentira, tu hubieses sido una gloria de Cuba y te dejaste confundir por los capitalistas… mira ahora como estas. De ahí la conversación se fue ampliando. El negrito Kindelan le preguntó que por qué la bandera Rusa ondeaba más alto que la cubana… y Fidel le dijo: mijo, "¿quién te dijo eso?"; más alta que la cubana no ondeará nunca ninguna bandera en Cuba. Después la conversación se tornó ridícula, hubo quien le preguntó que por qué no nos dejaban pasar leñitas para dentro de circular para calentar el chocolate. Finalmente Fidel dijo: tienen que tener en cuenta que están presos, si yo les pongo un televisor en la celda a cada uno, se me llenan las prisiones,… y se marchó.

No se sabe si sería porque el encuentro tuvo un final feliz, donde Juan Rivero se congraciaba y se reía con su comandante o porque éste lo ordenó, pero al otro día no sucedió nada con Julio que era lo que temíamos todos.

Con la puesta en marcha del plan de trabajos forzados, accedieron ellos a dar las visitas en el comedor; las daban los domingos y por bloques.

Para nosotros, cuando no era la nuestra, era un acontecimiento ver aquel desfile de colores que cambiaba la configuración de aquel paisaje monótono y gris, porque las familias venían caminando desde la entrada de la prisión hasta el comedor, por una carreterita que pasaba cerca de las circulares. La mayoría eran mujeres mayores, esposas de nuestros compañeros y madres, pero también venían muchachas jóvenes, que eran hijas o hermanas. Las celdas que daban para la carretera se llenaban con todos nosotros queriendo ver las muchachas. Para más martirio, por aquella época comenzó la moda de la minifalda y había algunas extremistas que usaban la mini-mini sin importarles la tortura y el sufrimiento que era para nosotros contemplar aquella exhibición de piernas. La única celda por donde no podíamos asomarnos a pesar de lo bien ubicada que estaba para mirar, era la del "Pavo", Enrique Nogueira y Nieves. El día de la visita, desde bien temprano él bajaba la cortina (el coil como se le llamaba) se metía en el catre y se tapaba cabeza y todo. Decía que no tenía valor para presenciar aquello. Después que terminaba la visita, salía al pasillo a preguntarle a los amigos qué habían visto. Los presos, para hacerlo sufrir, le describían mujeres hermosas y él se encogía y se le veía en la cara el sufrimiento... No creo que haya habido en presidio alguien que haya sufrido más la falta de la mujer que el "Pavo".

Al fin llegó el día de mi visita; me desperté de madrugada y no veía las santas horas que aclarara. Desde la semana anterior ya tenía mi muda de ropa impecable, bien lavada y planchada. Por supuesto que en la prisión no había planchas porque no había corriente, pero el preso se las ingeniaba. Se cogía un jarro de aluminio, se le clavaba un mango de madera para sostenerlo, se le metía nailon dentro, se le daba candela y el jarro se calentaba de tal manera que el fondo servía de plancha, y no ensuciaba la ropa. Oscuro todavía me levante para, antes que se llenara el baño, cepillarme. Nadie tenía crema dental, pero en una ocasión como ésta, porque los demás días era a cepillo solo, uno cogía un pedazo de carbón, lo machacaba bien, que se hiciera un polvo fino, mojaba el cepillo, le echaba un poquito de polvo y los dientes quedaban blanquitos. Días antes había preparado mi carbón y lo eché en un pomo de boca ancha que conseguí en el botiquín. Ese día por la madrugada cogí mi pomo de la repisa que teníamos en la celda y fui a cepillarme… sentí un gusto extraño, pero pensé que sería del pomo que se lo contagió al carbón. Cuando amaneció, me dice mi compañero de celda ¿Qué te echaste tú en la boca que la tienes tan azul? Corrí al espejito que había en el baño y vi que tenía la lengua y las encías manchadas de azul; era que había cogido de la repisa un pomo de azul de metileno que tenía mi compañero que era igual al que yo tenía con el carbón. Entonces sí me di carbón de verdad, tanto, que se me pelaron las encías, pero el azul no se quitaba. Así tuve que salir a la visita y explicarle a mamá que se asustó cuando me vio la boca porque creyó que tenía alguna enfermedad.

A la visita vinieron mamá y mi hermana. El encuentro fue muy emotivo porque hacía casi dos años que no tenía visita. Mamá estaba delgada y muy envejecida. El día antes le habían dado el alta; los médicos la apuntalaron un poco para que pudiera venir a verme. A pesar de que seguía con su padecimiento de los nervios, esta vez la habían ingresado porque se le enfermaron los manos, las tenía agrietadas que se le veía la carne viva, tenía la piel reseca y no podía mover los dedos porque le dolían. ¡Qué lástima me dio verla así! Venía derrumbada, diciendo que era la última vez que me iba a ver porque se iba a morir, que por qué no iba para ese "plan" que le habían dicho allá afuera —porque antes de entrar para la visita, ellos le dieron una charla a los familiares para que nos embullaran a nosotros a que nos acogiéramos al plan—. Que mira que flaco estaba, que me iba a morir allí dentro, que si otros lo hacían, por qué yo no. Nadie se imagina que trago tan amargo es para el preso tener que enfrentar todas las visitas ese embate de la familia. No es que uno estuviera vacilante, ni sintiera dudas de que estaba haciendo lo que creía que tenía que hacer, es que ellos le hacían sentir a uno que su resistencia, era una resistencia culpable. Algunos amigos míos regresaban de la visita optimistas y contentos porque la familia le daba ánimos, pero yo nunca tuve esa suerte, siempre regresaba derrumbado y hecho polvo sintiéndome un criminal por lo que me decía mamá que la hacía sufrir, aunque sin sentir ningún reproche contra ella, al contrario, más amor, porque sabía que ella lo hacía por su instinto de protección de madre.

Después venía la despedida que era la parte más dura de la visita; mil veces adiós, mil abrazos y mil besos y los guardias gritando para que nos separáramos. Allí se quedaban ellos mientras a nosotros nos contaban, nos recontaban, nos requisaban y nos encueraban. Después salían, esta vez caminando lentos, mirando aquellos cientos de manos que les decían adiós desde todas las ventanas y tratando inútilmente de adivinar cuales serían sus manos queridas. Mi hermana después me decía que éste era el momento que la ponía más cobarde, el de voltear las espaldas y tener que dejarme allí dentro, en aquel "tanque" hasta que volviera a verme.

La revolución está matando cubanos desde antes de llegar

al poder. En la Sierra Maestra fusilaban a los campesinos cuando eran sospechosos de colaborar con el ejército de Batista y cuando rehusaban cooperar con el ejército rebelde.

Cuando triunfó, ya se sabe cómo fue la orgía de sangre, que hacían zanjas para los fusilamientos en masa y así ha continuado a través de su historia, dejando una estela de miles y miles de víctimas. Ya dije que estando en la Cabaña hubo ocasiones en que fusilaron catorce en una noche. Entre las víctimas que dejó el plan de trabajo forzado "Camilo Cienfuegos", que he podido traer a la memoria, se encuentran:

Ernesto Díaz Madruga
Julio Tan Texier
Luis Rafael Nieves Cruz
Diosdado Aquit Manrique
Edy Álvarez Molina
Geromito Candina
Dani Regino Crespo
Francisco Noval (Pacopico)
Pedro Felipe
Alfredo González Barrabás
José Guerra Pascual
Jesús López Cuevas
Roberto López Chávez
Manuel Nardo
Ibrahim Otero
Alfonso Larana
Antonio Llerena Camejo
Gerardo

Nombres sufridos y recordados por todos los presos; muchachos jóvenes de menos de treinta años de edad, asesinados con alevosía y ensañamiento a bayonetazos o baleados en presencia de sus compañeros en distintos bloques y en distintas ocasiones. Estos espantosos asesinatos conmovieron a todo el presidio. Nos entristecían y nos embargaban de dolor a todos. Nuestra silente pero acusadora protesta era, al día siguiente, salir al campo a trabajar sin sombrero. Cuando pasábamos en los camiones por los pueblos, ya sabía la gente que el presidio estaba de duelo, que hubo muertes, porque los presos iban descubiertos… aunque había excepciones.

Por la carretera que parte de Nueva Gerona hacía los campos donde trabajábamos, ya en las afueras de la ciudad, a la izquierda, había una casita pintada de blanco donde vivía una muchacha que siempre se paraba en la puerta para vernos pasar y saludarnos. Todos los presos la amábamos, porque ella nos correspondía amando nuestra causa, la bautizamos "la novia de los presos". Hubo quien hizo poemas lindos inspirados en ella. Cuando ella veía que los camiones pasaban con los presos sin sombrero, nos esperaba por la tarde al regreso, o bien vestida de negro, o poniendo en la tendedera alguna prenda oscura. Aquello era para nosotros un mensaje de aliento, un monumento de fe. Los presos le debemos una estatua a aquella muchacha. Y era con ella precisamente, con quien más pena nos daba, que viera que en los camiones iba algún preso con el sombrero puesto. Qué pensaría… ¿la embargarían las dudas? Porque ella no sabía que entre nosotros había algunos que no se unían a aquella manifestación de duelo: eran los testigos de Jehová; ellos no se quitaban el sombrero cuando había muertos. Es lamentable tener que decirlo, pero es la verdad y eso nos dolía, nos indignaba y nos daba vergüenza. ¿Cómo era posible que se mostraran indiferentes, que no se solidarizaran ante el crimen cuando ellos eran parte de nosotros y bien hubiera podido ser alguno de su religión el que cayera? ¿Cómo se hubieran sentido, si de serlo, nosotros hubiésemos actuado indiferentes como ellos? Su disculpa era que la religión no les permitía participar en nada que tuviera que ver con política.

Meses antes de comenzar el plan de trabajo forzado, llegaron ellos a presidio. Eran una cordillera grande; para la circular nuestra vino un grupo numeroso. Para nosotros fue un motivo de fe; no es que nos alegráramos que alguien cayera preso, pero en esto veíamos un síntoma de que el pueblo no estaba con el gobierno, principalmente la juventud. Supimos que eran religiosos… "testigos de Jehová", una religión de la cual muy pocos, en aquella época, habíamos oído hablar y que cayeron presos porque cuando los reclutaron para el servicio militar, se negaron a jurar la bandera. Esa postura la vimos como un acto de valentía y una manifestación política: "negarse a jurarle la bandera a los comunistas". El presidio los acogió con orgullo y cariño y se lo demostró ayudándolos en lo que podía y hasta protegiéndolos.

He dicho que dentro de la prisión, reinaba la moral y la decencia, pero el que no hubiera manifestaciones perversas, no quería decir que no hubiera quien lo fuera. Uno de los testigos más jóvenes fue a parar a la celda de alguien que se le conocían sus inclinaciones y aunque no pasó de atenciones y delicadezas, hubo quien llamó al "platónico" y le advirtió que "¡cuidadito con lo que hacía, que se le tenía en la mirilla!". Todo eso se hizo.

Cuando pasaron unos días que ya se sentían ellos establecidos, empezaron a reunirse en el sexto piso para realizar sus asambleas.

147

En la circular había una tradición que todos acatábamos con respeto. Cada vez que moría un familiar allegado de un preso, se le hacía un minuto de silencio. El doliente iba donde el rejero con la noticia (esto siempre por la noche) y el rejero mandaba a hacer silencio. Una vez que todos podían escuchar decía: "el compañero fulano de tal ha recibido la triste noticia del fallecimiento de su querida madre, por tal motivo, hagamos un minuto de silencio"… "ciiircular atención"… y se hacía un silencio que se podía cortar, se escuchaban hasta las respiraciones. Pasado el minuto, volvía el rejero: "que en paz descanse" y daba con el pie en el piso y todos los presos hacíamos lo mismo y respondíamos… "que así sea".

Aquello era bonito y un apoyo para el que estaba pasando su mal momento. Una vez, cuando se llamó al minuto de silencio, los testigos de Jehová, que estaban en el sexto piso realizando su asamblea con sus cánticos y aleluyas, hicieron caso omiso de la llamada y no hicieron silencio; esa irreverencia indignó a los presos porque era una falta de respeto. A nadie le importaba la religión que profesara cada quien, ni que depositara su fe en cualquier dios, pero lo que sí había que respetar las leyes de la circular. Varios acordaron que si se suscitaba la misma situación, había que tomar medidas… y volvió a suceder. Terminado el silencio, subieron para el sexto piso, los testigos tuvieron que detener la asamblea y se les advirtió que en lo sucesivo, tenían que respetar las reglas de la circular, de lo contrario, que se atuvieran a las consecuencias… no se volvió a repetir el incidente, pero con esto y lo que vimos después de no quitarse el sombrero cuando asesinaban a alguien, ya supimos que no eran iguales que nosotros, que no debían estar allí como presos políticos, que no les importaba quien gobernara a

Cuba y si asesinaban a alguien o no, que el hecho de no jurarle la bandera a los comunistas, no fue por un acto de rebeldía, sino por obediencia ciega a la doctrina de su religión… igual no se la hubiesen jurado a Martí.

Personalmente no tengo nada contra ninguna religión, al contrario, creo que todas son buenas y útiles para la sociedad, pero sí creo firmemente que antes que a ninguna religión, el hombre tiene que rendirle culto a su hombría, a su condición de ser humano inteligente, racional y con libre albedrío. ¿Cómo me va a prohibir alguien que no me una y solidarice con mi semejante, cuando estamos todos ante el mismo peligro? Si hasta en los animales existe el instinto de rebaño, que cuando presienten una amenaza se unen para protegerse.

Tengo la esperanza y casi la convicción de que todo lo que sucedió fue porque aquellos muchachos estaban siendo mal guiados en aquel momento.

Todos esos campos de cítricos a los que nos llevaban a trabajar, tenían sus administradores civiles. Es de suponer que cuando necesitaran mano de obra se dirigían a las autoridades del presidio para que se las facilitaran. Muchas veces, cuando llegábamos al campo, veíamos que había algún civil que hablaba con el cabo, parece que para indicarle lo que había que hacer. Ellos, para correspondernos de alguna manera a los presos, que éramos en definitiva los que le sacábamos las castañas del fuego porque por nosotros era que podían presentarse a sus superiores del partido y decirle que sus campos estaban limpios, traían cartones de cajetillas de cigarros y café para que hiciéramos por la mañana.

Cuando llegábamos al campo que formábamos, el cabo caminaba a lo largo de la fila con el cartón de cigarros en la mano ofreciéndoles una cajetilla a quien la quisiera aceptar. Ahí vino lo que se conoció en los bloques como: "los que cogían y los que no cogían". Esto por supuesto no creó división ni fricciones entre nosotros, era cuestión del criterio de cada uno que había que respetar: los que cogían se basaban en el argumento de que era una forma de afectarle la economía al gobierno, y el argumento de los que no cogíamos era: "no puedo aceptar una limosna de la mano que me asesina". De todas maneras fueron momentos difíciles y de sufrimiento para todos, porque tanto a unos como a otros nos dolía tener que lastimarnos con posiciones antagónicas.

El café lo hacían allí, en una cocina inventada con piedras y lo torturante que era aquel aroma fuerte cuando estaba colando, que se esparcía por los campos inundándolo todo y se metía por el olfato en los pulmones y sentirse en el deber de tener que negarse a tomarlo cuando el poquito que nos daban en la prisión no tenía ni olor.

Por aquella época mi compañero de trabajo era Lázaro Hidalgo Valdez "Pescuezo"; nos teníamos mutuo aprecio. Él cogía los cigarros y el café y llenaba un pomo que guardaba en el bolsillo; a media mañana, cuando daban los diez minutos de descanso, me brindaba: me negaba porque me parecía un acto de doble moral no haberlo cogido y tomarlo después, pero él me decía: "no me lo rechaces, que no es el cabo, es tu hermano quien te lo brinda", y yo, entre el ánimo de no lastimarlo y las ganas de tomarlo, me dejaba convencer y me tomaba un buche.

En una ocasión trajeron un puerco para asar; parece que porque el administrador estaba contento porque había sido premiado por tener sus campos en buenas condiciones. Lo asaron en medio del campo y el olor se esparcía inundándolo todo igual que el café, martirizándonos a nosotros que estábamos tan hambreados.

A la hora del almuerzo nos llamaron para que fuéramos a coger el pedazo de lechón: casi nadie aceptó... dos o tres si acaso, los demás nos enfrentamos con resignación y estoicismo a nuestro plato miserable pero sin pecado: el macarrón blanco, duro y frío de todos los días.

Los civiles que estaban allí quedaron asombrados; no concebían que no quisiéramos comer lechón, con lo hambrientos y escuálidos que se nos veía, pero ellos no sabían la procesión que llevábamos nosotros por dentro; no podían entender que la peor humillación que puede sufrir un condenado, es tener que compartir la mesa con el verdugo.

Eso de traer cigarros y café para los presos duro poco tiempo; luego aquellos civiles se pusieron tan perros con nosotros como los guardias.

No he hablado de los traslados intercirculares; ésta era una práctica que hacían muy a menudo: llamaban a un grupo de una circular... doscientos por ejemplo, y hacían lo mismo en otra. El propósito de esto era, aparte de la obsesión de siempre de hacerle la vida un martirio al preso, tratar de deshacer los vínculos, disgregarnos, de manera de no dar tiempo a que nos identificáramos y pidiéramos formar grupos que crearan problemas.

Aquellos traslados eran un destrozo. Ya uno estaba instalado, tenía su celda y su compañero, sus costumbres, su grupo de amigos y de estudios y tener que dejarlo todo y comenzar de nuevo. Uno desmontaba su "avión" —ya dije que a la cama que usábamos se le llamaba "avión" —Le ponía encima todas las pertenencias, lo arrastraba hasta la planta baja y cuando abrían la reja, corría entre un cordón de guardias para la circular de destino tratando de llegar primero para ocupar una buena celda (cuando digo una buena celda me refiero a las de más abajo), pero esto lo hacíamos todos, tanto los que íbamos como los que venían. Era un espectáculo ver esa cantidad de presos apurados entre las dos circulares arrastrando su carga como hormigas. Lo que comúnmente se hacía era que dos amigos se ponían de acuerdo, el más fuerte se ocupada de arrastrar los dos aviones y el más ágil corría a ocupar una celda y se plantaba frente a ella a esperar que llegara el amigo cansado con toda la carga. —Siempre que me trasladaron hice de delantero porque era ágil y cuando llegaba a la circular trepaba por los balcones y copaba una celda—. Después venía otro comienzo: un nuevo compañero de celda, que desconocías sus costumbres y no es fácil compartir las veinticuatro horas del día un espacio tan pequeño con alguien con quien no haya una verdadera afinidad. Los compañeros de celda se llegan a querer como hermanos o quizás más, porque el hermano te lo impuso la vida y hay que aceptarlo como sea, pero al compañero de celda se escoge; si no eres afín con quien te tocó vivir, te mudas.

Meses antes de mi traslado, habían trasladado a Vicente Chao que fue mi compañero de celda por mucho tiempo; éramos amigos desde la calle y del mismo barrio en la Habana y con él me inicié en mis actividades conspirativas en "El movimiento Treinta de Noviembre" por lo que siempre teníamos temas de qué hablar. Aunque me llevaba pocos años, él se preocupaba por mí como si fuera su hijo. Cuando lo trasladaron, me quedé vacío y pasé días extrañándolo, porque el cariño entre los amigos existe; la amistad existe y es una manifestación sana de la hombría y una necesidad del espíritu. Ya lo dijo Martí en su pensamiento: *«cuando todas las virtudes se han oscurecido en el hombre, aun es capaz de la pasión de amigo, y se encarniza en ella, como para probarse que aún no es enteramente vil».*

Con este traslado me cambiaron de bloque; ahora era el bloque doce.

A medida que pasaba el tiempo ellos fueron perfeccionándose; los bloques los hicieron más pequeños, solo de cincuenta hombres, parece que eran más manejables y se adaptaban mejor a las condiciones de trabajo.

Los jefes de este nuevo bloque eran el sargento Martínez y un cabo que le decían "El León Tusado"; de éste se decía que cuando la emprendía con un preso, se babeaba encima de él dándole golpes. A un muchacho que le decían "el Pirata de Regla" le metió la bayoneta por debajo de un omóplato y le cortó el tendón de un brazo: se lo dejó inútil para toda la vida y después lo tenía casi seco.

Martínez era el jefe del bloque. Era un hombre muy callado, nunca se le escuchaba hablar y tenía un físico extraño, así como cara de pájaro: la nariz curva como pico, la barbilla puntiaguda y los ojos saltones. En honor a la verdad, jamás golpeó a un preso, al menos en nuestro bloque y tenía controlado al "León" que, muy de tarde en tarde soltaba algún planazo.

Martínez era un hombre de valor. Un día llegamos a un potrero a regar abono y cuando fuimos a brincar la cerca, se nos vino encima una vaca a embestirnos; todos nos pusimos rápido a buen recaudo. Martínez entró al potrero con la bayoneta en la mano, se enfrentó a la vaca y cuando ésta lo atacó, le daba con la bayoneta en los cuernos; la vaca se acobardó y emprendió la huida y Martínez la siguió hasta donde estaba el ternerito, que por eso era su agresividad, por defender su cría y la fue escoltando hasta que la sacó del potrero y pudimos entrar nosotros. —Siempre he pensado que un hombre, no importa en el bando que milite, si es valiente, no es abusador y Martínez lo corroboraba —.

La prioridad de Martínez era hacernos trabajar. El bloque nuestro era el que primero salía de la circular y el último que llegaba: éramos la cenicienta del presidio. Ese hombre parece que no tenía ni familia con quien compartir. Cuando los camiones nos dejaban por la mañana, le decía a los choferes que vinieran a recogernos los últimos. La gente decía: mejor fuera que metiera algún planazo de vez en cuando pero que no nos tenga tantas horas en el campo.

En Isla de Pinos, estando en el bloque doce, vi las puestas de sol más lindas de mi vida. Como que buscaban un lugar desprovisto de árboles y muchas veces elevado para mantenernos agrupados mientras llegaban los camiones ya de noche, nosotros nos entreteníamos viendo cómo el sol se escondía en el horizonte. A veces parecía una bola de fuego que incendiaba las nubes y las teñía de rojo formando un resplandor que se reflejaba en los arboles… En la existencia normal una puesta de sol no emociona a nadie, pero preso, desesperanzado, con las nostalgias royéndote el alma, es un espectáculo de belleza que consuela de la fealdad de la vida.

La muda de ropa y los zapatos que nos daban para trabajar se suponía que debía durar tres meses, si se rompía antes de ese tiempo, había problemas: podía costar planazos, mandarte para el pabellón de castigo, suspenderte la visita o hacerte trabajar sin zapatos o medio desnudo. Si se rompía al cumplir el tiempo, daban otra, si la había en el almacén y si no, te mandaban a quedarte en la circular hasta tanto surtieran de nuevo. Los presos estaban pendientes; si cumplidos los tres meses se enteraban que no había ropa, rompían la suya para que el cabo los dejara: era tan placentero quedarse unos días en la circular, sin el temor a los golpes, en aquel silencio, descansando y leyendo.

Nunca tuve la suerte de poder coger un día por la ropa. En una ocasión, ya cumplidos los tres meses y con la ropa bastante sana, supe que no había en el almacén y me decidí a romperla. En esta aventura iba conmigo Ismaelito que también la tenía vencida (este Ismaelito creo que era el preso más joven de presidio, parecía un niño, no recuerdo su apellido). Como estábamos trabajando en unos matorrales aprovechamos para romperla para que el cabo creyera que se había roto por el trabajo. —Nosotros por supuesto sabíamos que aquello era jugársela—. Cuando llegamos por la tarde a la circular que el cabo me requisó y vio la ropa hecha girones, me dijo con aquella voz de ultratumba que tenía que parecía un ventrílocuo: "quiero ver que mañana la traigas cosida"… se me heló la sangre. Cuando entré a la circular, me estaba esperando Ismaelito que le había dicho lo mismo: estaba de lo más asustado, me dijo: ¿qué hacemos?, ese hombre nos va a matar… yo la voy a coser… no podemos coserla Ismaelito le dije, tan asustado como él. Lo hablé con los amigos y todos pensaban igual, que coserla era un acto de cobardía, demostrarle al cabo que le tenía miedo y desprestigiarme para toda la vida, pero todos sabían la fama que tenía el "León Tusado" y aunque no me lo decían, presentían lo que me podía pasar. Ismaelito vino no sé cuántas veces a mi celda… se estaba muriendo, creo que esa noche no durmió y yo tampoco pude dormir mucho. Finalmente me serené; que sea lo que Dios quiera, pensé. Sabía que los planazos no me los quitaba nadie de encima, pero eso era mejor que afrontar el bochorno de haberme acobardado y coser la ropa.

Cuando salimos por la mañana que formamos, el León nos miró. Al llegar al campo nos apartó, los demás fueron ubicados en sus trabajos y a nosotros nos ordenó que cogiéramos los picos y junto con un guardia que sacó del cordón caminamos lejos, hasta un montecito. —Eso era lo que hacían siempre que iban a golpear a alguien, sacarlo lejos del bloque—. Allí nos dijo que teníamos que arrancar todas aquellas matas y le ordenó al guardia que no dejara que nos detuviéramos y se fue. ¡Qué alivio! Arremetimos contra el monte con bríos; por ahora habíamos librado. El aguatero vino en dos ocasiones y nos trajo agua, estábamos medio desfallecidos. A la hora del almuerzo, vimos a lo lejos cómo formaban el bloque y los llevaron para donde estaban los tanques con la comida, pero nosotros tuvimos que seguir arrancando matorrales. Como a la media hora, vino un guardia, habló con el que nos cuidaba y nos ordenaron dejar los picos y que los siguiéramos. Cuando nos reunimos con el bloque, vimos cómo entonces se ponían en la cola para coger el almuerzo… Le habían comunicado a Martínez, que si no traían a los castigados, nadie iba a almorzar. Martínez accedió por lo que ya dije, que no era de los más malos, otro en su lugar hubiese mandado a todos para el campo de nuevo sin almorzar y nosotros hubiésemos continuado con el castigo; pero lo importante aquí, es el compañerismo, la solidaridad y el intransigente concepto de grupo que reinaba entre los presos. No importaba el peligro ni que nos estuviésemos muriendo de hambre, si no comíamos todos, no comía nadie… uno sentía orgullo de formar parte de aquel montón de locos del sacrificio.

Después del almuerzo a Ismaelito y a mí nos dejaron trabajando con los demás y así estuvimos saliendo con los harapos encima hasta que surtieron el almacén.

Un día cuando llamaron al bloque por la mañana, vimos que nos habían cambiado los cabos: no más Martínez y "el León Tusado", no sabíamos si para bien o para mal; Martínez nos mataba a trabajo, pero no daba golpes… Veríamos qué nos esperaba con éstos. No eran conocidos: uno era negro, pero un negro distinto, de cara pequeña, con labios finos y la nariz fina también con las aletas muy abiertas y muy inquieto; usaba un sombrero de paño con el ala hacía abajo que no dejaba verle los ojos y la bayoneta atravesada a la espalda: se llamaba Charón. El otro era trigueño, de complexión raquítica, con los dientes podridos de caries y los brazos largos pero las manos finas y pequeñas como de mujer: se llamaba Estrada.

Salimos a trabajar; el primer día transcurrió normal, la diferencia fue que regresamos temprano, fuimos de los primeros bloques en llegar a presidio; lo contrario que con Martínez que siempre llegábamos el último; y así pasaron unos días, ellos en el campo muy observadores de cómo trabajábamos nosotros, pero callados, sin exigir.

Un día, como todos, llegamos al campo, cada uno cogió su machete y Charón repartió unas limas; estábamos chapeando en un toronjal. Como a las tres de la tarde nos mandaron a formar, nos intrigamos porque era demasiado temprano y no habíamos visto los camiones. Una vez formados y contados,

Charón pidió las limas, se le entregaron cuatro y él dijo que faltaba la otra, que había repartido cinco. Todos nos palpamos la ropa, no había más lima, pero él seguía insistiendo. Daba paseítos y gritaba que tenía que aparecer la otra; andaba con la bayoneta en la mano y Estrada con un machete que era el que usaba siempre. Al final gritó Charón que nos quitáramos la ropa, que la iba a requisar porque la lima tenía que aparecer; el cordón de la guarnición nos tenía rodeados. Nos quedamos desnudos y la ropa en el suelo, nos mandaron a avanzar como cincuenta metros, la guarnición rodeándonos. Yo que estaba de los últimos miré para atrás y vi que levantaban algunas prendas a punta de dedos; de pronto corrieron hacia nosotros uno por cada lado y empezaron a repartir planazos. El cordón estaba en posición de ataque, los fusiles a la cadera, rodeándonos. La fila se deshizo y nos arremolinamos alrededor de un tronco de toronjas. Los que quedaron dentro del ruedo se salvaron, pero los que quedamos fuera, no tuvimos escapatoria; todos cogimos planazos, ellos dando vuelta alrededor de la piña que formábamos. Estrada me sorprendió de espaldas y me dio un planazo, cuando me atacó Charón me volteé de frente y puse las manos como para protegerme; me tiró un pinchazo al estómago y me clavó la punta de la bayoneta en el brazo. Cuando levanté las manos me dio un planazo en el pecho, las bajé y me dio varios más; se ensañó conmigo, parece que pensó que lo quería atacar… Es increíble como en ese momento no duelen los golpes, cuando se enfría la sangre, es cuando se siente el dolor; el planazo que me dio en el pecho me hizo mudar la piel de la tetilla.

Ismaelito se quedó por fuera y Estrada le dio un planazo en la frente que lo hizo perder el equilibrio, dio varios pasos hacia atrás hasta que al fin cayo boca arriba en la hierba con la cara ensangrentada. Dieron planazos hasta saciarse. Cuando vieron que llegaba el primer camión, nos mandaban a ponernos la ropa, cada uno se puso la que encontró a mano, después en la circular intercambiamos. Ese día supimos que Charón y Estrada eran un par de asesinos y en lo adelante lo íbamos a reconfirmar.

Pasados unos días, un sábado —los sábados se trabajaba media jornada pero eran fatales, casi siempre había problemas— llegamos a un naranjal a chapear; al poco rato Estrada sorprendió a Carlito Delgado y Capote comiendo naranjas; los sacó con un guardia fuera del cordón y les dio varios planazos a cada uno; en uno de los golpes que le tiró a Carlito, el machete le dio con el lomo en el hueso de la nariz y se lo partió y Carlito empezó a perder sangre. Estrada los trajo a los dos para donde estaba el bloque para que siguieran trabajando. Carlito toda la mañana perdiendo sangre por la nariz, ya estaba pálido. Ese día estaban ellos sedientos de sangre, Charón había pasado la mañana afilando la bayoneta.

Cuando llegaron los camiones, que formamos, Estrada le dijo a Capote que saliera para darle otra golpiza, pero Capote se negó, le dijo: "Cabo, si me va a dar, tiene que ser aquí, entre mis compañeros". Estrada fue a buscar a Charón y le dijo que Capote no quería salir; vino aquel negro hecho una fiera y dijo: sal Capote… y Capote se negó. Sacó la pistola, la rastrilló apuntando para Capote, todos los de la fila se apartaron por el instinto de conservación y Charón descargó la pistola sobre Capote; se veía como en las películas, las balas pegando en el cuerpo de Capote. La guarnición formó un tiroteo, descargaba los peines de los fusiles hacia arriba y Capote fue doblándose hasta que cayó. A planazo limpio nos hicieron montar en los camiones. Mandaron dos guardias a levantar a Capote pero él dijo que no lo tocaran. Ordenaron bajar dos presos para que lo auxiliaran, cuando lo subieron al camión, que lo acostaron sangraba mucho, la sangre corría por el piso que se pegaban los zapatos. El camión salió a toda velocidad para el presidio, con la corneta halada todo el tiempo y el cuerpo de Capote dando saltos; así entró por la puerta hasta el hospital. Cuando lo bajamos estaba inconsciente. A Carlito hubo que dejarlo también, porque estaba desangrado.

Capote estuvo bastante tiempo ingresado, pero se salvó. Solo Dios sabe cómo pudo sobrevivir ese hombre a cinco impactos de bala. Carlito me visitó hace algún tiempo, cargando para toda la vida, en su nariz deforme, el recuerdo de aquel triste sábado. Hablamos mucho de aquellos tiempos.

El trabajo en los campos de cítrico, ya fuera chapeando alrededor de los troncos, o guataqueando, siempre se hacía en pareja. Uno escogía a su compañero, en eso el cabo no se inmiscuía, salvo en muy contadas ocasiones, por ejemplo, cuando se juntaban dos que conversaban mucho y no rendían trabajo, entonces los separaba. Mi compañero, siempre que se podía, era Flores Cruz Bermúdez "El Apache". Cuantas veces haya un grupo de personas que permanezcan juntas por largo tiempo, se aglutinan entre sí por afinidades; es una ley natural. Los estudiantes se juntan porque tienen un tema de conversación; los que les gusta el deporte, lo mismo y así sucesivamente. El Apache y yo, entre otras afinidades, teníamos la de ser campesinos y de las cosas del campo era de lo que más hablábamos. Era oriundo de Cruces, un pueblo de la provincia de Las Villas;

tenía una finquita al pie del monumento de la batalla de "Mal Tiempo", una de las más sangrientas de la guerra de independencia. Era un guajiro fuerte, no muy alto, de pecho ancho y facciones duras, como cuadradas, sería por eso que le decían "El Apache". Tenía muchas historias que contar: había sido también chofer de las rastras que transportaban ganado a lo largo de toda la Isla. Decía que esos fueron los mejores tiempos de su vida, cuando más dinero manejó y más aventuras amorosas tuvo, y se jactaba de conocer casi todos los pueblos de Cuba, con sus respectivos lupanares. Contaba que una vez, ya tarde en la noche, llegó a la ciudad de Guantánamo, parqueó su camión y así, hediondo ha ganado como venía, entró en un bar a tomar unos tragos. Se dio cuenta que el ambiente no era bueno, y pensó que traía miles de pesos en el bolsillo y se notaba el bulto. Al poco rato de estar en la barra, se percató que unos tipos de mal aspecto lo tenían medio rodeado. Sacó lentamente el machete que le colgaba al cinto, que era su compañero inseparable, lo puso sobre el mostrador, se volvió, sacó del bolsillo el bulto de dinero, lo tiró al piso al alcance del machetazo, volvió a la barra y pidió otro trago. El cerco que le tenían hecho empezó a abrirse, y decía que se quedó solo en la barra, la gente mirando para él y para el dinero. Le pregunté: ¿y si alguien se hubiese atrevido con el dinero?, me dijo: "ahí le queda la mano" y se lo creí, porque antes que esto, me había contado que una tarde estaba sentado en el portal de su casa, fumándose un tabaco. A él le gustaba la cría de gallos finos y tenía una gallina sacada con varios pollitos; ya se había dado cuenta que cada día los pollitos eran menos y se lo había comentado a Donato, el cuñado; en eso pasaba la gallina con su cría cuando vio que una puerca que estaba amarrada en el patio se abalanzó sobre ella y le arrebató un pollito; se levantó del taburete, sacó el machete, llegó al lado de la puerca que todavía masticaba el pollito y le dio un solo machetazo, limpio, que la cabeza rodó por la hierba: decía que la puerca se quedó parada un segundo sin cabeza.

Algunas veces cuando caminábamos por el potrero, si se encontraba una bosta de vaca fresca, metía el dedo en ella y se embarraba la cara; ¿por qué haces eso Apache?, le pregunté la primera vez: Porque la peste a mierda de vaca es para mí un perfume; me recuerda los tiempos que más feliz fui, me dijo.

Un día llegamos al naranjal a chapear; cuando estábamos trabajando me dijo: vigila, que me voy a comer una naranja. Me puse bien alerta para evitar sorpresas, porque la hierba estaba muy alta y enfoqué la atención para donde creía que andaba el cabo. Cuando lo vi, era tarde, ya bajaba el machete sobre El Apache, que estaba en cuclillas, sin camisa, doblado hacía adelante, pelando la naranja. El planazo le cruzo la espalda en diagonal, desde el hombro hasta la cadera y sonó como un disparo. Saltó el Apache como una fiera herida, se enfrentó al cabo, levantó el machete a lo que daba el brazo y lo bajó hasta quedar pendiendo sobre la cabeza del cabo y le dijo con aquella voz fuerte que tenía: "Carajooo, no te mato porque tú vales menos que yo". Estrada se quedó lívido, inmóvil, con los brazos caídos. No creo que aquel hombre haya estado nunca tan cerca de la muerte como ese día, ni que haya pasado un susto más grande... y eso que no sabía lo de la puerca, yo que lo sabía, lo vi rebanado en dos mitades, cada una sosteniéndose en una pierna. Aquel día la ecuanimidad triunfó sobre la ira, si no, no hubiese quedado nadie vivo para contar esta historia.

A medida que pasaba el tiempo la situación en el plan de trabajo se hacía más tensa; querían doblegarnos a como diera lugar, los cabos cada vez se volvían más asesinos, ya no había cabo que no diera golpes y el que fuera blandengue, lo trasladaban. Hay una larga lista de famosos de dar golpes que los presos no podremos olvidar jamás: Brazo De Oro, uno de los más sanguinarios, Aura Coja, Los Vaqueritos, Los Hermanos Cera, Perro Prieto, Porque Te Quejas, Escambray, Carrazana, en fin, una jauría rabiosa. Brazo de Oro un día le dio una golpiza a Alfredo Segurola, que lo destrozó; a los primeros planazos le tumbó los espejuelos y él que no tenía buena la vista, se cubría con los brazos y se los fracturó los dos. Carrazana, que era el jefe del bloque veintisiete, le vino dando planazos al "Polaquito" Alfredo Egued Farah, desde la entrada del presidio, hasta la puerta de la circular, todos los presos de las circulares viendo aquello y gritando desde las ventanas "asesino, asesino". El Polaquito era mi compañero de celda, cuando llegó, que se quitó la camisa, daba horror verlo; la espalda era un solo hematoma negro, con la sangre asomándose por los poros.

Un día uno de los cabos del bloque nuestro no vino y mandaron a Brazo de Oro de suplente. En el campo todos andábamos derechos porque sabíamos que ése no dejaba pasar una —él gozaba sabiéndose temido—. Como a las diez llamó al aguatero, un viejo que no podía ni con su alma, flaco y con los pies planos, le quitó el cubo porque decía que era muy lento para repartir agua, llamó al que estaba de compañero mío y se lo dio, le quitó el machete, se lo dio a Blanco el aguatero y le dijo que se pusiera él a repartir agua y Blanco a chapear —agonizante ejemplar que me pusieron de compañero—. Aquel hombre se estaba muriendo y encima no sabía manejar el machete porque siempre había sido aguatero. Le dije: Blanco, sobrellévese, haga lo que pueda que yo me encargo. Aunque flaco, estaba fuerte y cuando quería, con el machete y un garabato hacía maravillas. Eché el resto para no quedarnos atrás y que viniera aquel salvaje y nos cayera a planazos. Como a la hora Blanco se estaba cayendo, estaba pálido y a punto de desmayarse. Decidí hablarle al cabo y me dirigí a él que estaba en cuclillas bajo una mata de naranja; cuando me vio cerca con el machete en la mano, se puso tenso, en posición de salto, como un felino cuando va a atacar. Me detuve a distancia para no tentar al diablo y le dije: "Blanco está muy enfermo, parece que se va a desmayar… Cuando se desmaye, tíralo bajo una mata", me dijo y volvió a su posición… no sé cómo Blanco pudo aguantar el día.

Toda esta tensión que se vivía en los campos hizo que los presos empezaran a inventar para quedarse en las circulares. Cazaban abejas y se las ponían en las rodillas para que picaran, cuando se hinchaba, se frotaban aceite con tizne de caldero, después limpiaban pero la rodilla quedaba hinchada y renegrida que impresionaba, iban al botiquín cojeando y el médico los rebajaba. —Los que quedaban rebajados tenían que ser aprobados después por el médico militar que pasaba por las circulares, un negro sinvergüenza que se llamaba Pombell, que para que rebajara a alguien había que llevarle el "mondongo en una palangana"— pero la gente lo engañaba. Una vez en un bloque que estaba trabajando donde había muchos limones descubrieron que, frotándose duro un limón de manera que el sumo de la cascara se impregnara en la piel y exponiendo esa parte al sol, se formaba una mancha roja que parecía una quemadura. El médico rebajó a los primeros y a los pocos días todo el bloque estaba con las manchas. Los presos para despistar a los guardias, regaron la especie de que los americanos habían echado radioactividad en esa zona. Sacaron al bloque de allí y vinieron hasta expertos de La Habana a examinar a los presos; cuando se dieron cuenta del fraude, todo el mundo tuvo que ir a trabajar y a recibir planazos.

Por tanto inventar, ya los médicos no rebajaban a nadie; entonces empezaron los presos a autoagredirse de verdad; casi todos los días llegaba alguien con un machetazo dado, que a veces tenían que llevarlo al hospital para que le diesen puntos: con esto cogían varios días sin salir al campo. Ésta fue una situación penosa que vivió el presidio; es degradante para una persona llegar al extremo de agredirse para no trabajar, pero había que ver en el estado de ánimo en que se encontraba ese ser para llegar a eso.

Un día cuando llegué del trabajo me dijeron en la planta baja que Palomeque, que nos sabían muy amigos, se había dado un machetazo que se cortó los tendones. Subí directo a su celda en el cuarto piso y allí estaba, tirado en su avión con el pie vendado sobre una almohada y muy pálido... se le aguaron los ojos cuando me vio. Paló ¿qué te pasó?, le dije, ladeó la cabeza e hizo una seña como que después me decía. Cuando nos quedamos solos me contó: me dijo que el cabo del bloque que era uno que le decían La Bibijagua Cabezona, que era un chacal, la había cogido con él, todos los días le daba una golpiza; ya no aguantaba más, tenía los nervios destrozados, decía que de verlo empezaba a temblar por dentro como un conejo asustado, del miedo que le había cogido y para quitárselo de encima un tiempo, se tiró el machetazo como para cortarse el pie; el machete le llegó al zapato encima de los cordones, por donde dobla el pie, se lo llevó en claro, y le cortó dos tendones. Hacía poco que lo habían traído del hospital, la operación fue difícil y ahora tenía muchos dolores. Salí a colectar calmantes con los amigos… ¡pobre Palomeque! No le reproché nada, lo entendí porque yo estaba que cuando veía al negro Charón afilando la bayoneta, también se me alborotaba el conejo por dentro.

Otros se hacían fracturas. "El Morito" Miguel Morales, colocó dos banquitos de la misma altura a una separación de seis u ocho pulgadas, puso el antebrazo, otro vino, levantó el pie, descargó el calcañal con fuerza sobre el brazo y lo partió. Estuvo como dos meses enyesado sin salir al campo. Cuando le dieron alta, que volvió a trabajar, al poco tiempo hizo lo mismo, pero el hueso ya no le soldó bien y el brazo se le quedó inútil para toda la vida. Otro se inyectó petróleo en la rodilla y por poco hay que amputarle la pierna.

Todos estos horrores lo vivió el presidio en el plan de trabajo forzados "Camilo Cienfuegos".

Por Antonio Domínguez, uno de mis amigos entrañables de la prisión, intimé con Kiko el enano (los comunistas a la hora de encarcelar no respetaban ni a los enanos) el preso más conocido de la Isla; por su estatura, por supuesto, pero también por sus valores: era un enano de los pequeños, le daba por la cintura a un hombre normal; cuando se acostaba en el avión, ocupaba solo un pedacito. Pero Kiko lo único que tenía pequeño era su cuerpo, era un hombre íntegro, con elevados conceptos morales y políticos y muy inteligente y sagaz. Su limitación física no le impidió triunfar en el mundo de los negocios; antes de caer preso, tenía un bar en Marianao que se llamaba

"El Baturro" a donde asistía una clientela selecta con la que él desarrollaba sus actividades conspirativas. Era un hombre con dominio de sí, cuando nos hacían requisa que había que ir para el corral, los guardias le hacían mofa, pero él no se inmutaba y los miraba con desprecio. Kiko era muy conversador y hacía cartas amorosas ayudando a los amigos que andaban en conquista; las cartas eran románticas y con la letra muy bonita.

A la celda de Kiko también frecuentaba Armando Rodríguez Vizcaíno e hice amistad con él. Vizcaíno era el dueño del radio —esto lo sabían muy pocos— si llegaba a conocimiento de la dirección lo hubiesen metido en el pabellón de castigo para toda la vida, con la inquina que le tenían ellos a ese radio.

El veinticuatro de diciembre de 1966, estábamos en la celda de Kiko; me lamentaba yo de la triste vida de nosotros: día de Nochebuena y para nosotros un día igual, hambreados y sin esperanzas y recordaré siempre unas palabras que me dijo Kiko: "No te aflijas chico, esto tiene que cambiar; el comunismo caerá algún día y tú vas a ser un hombre libre…jodido yo, que soy un prisionero de la vida" ¡Con qué tristeza dijo aquellas palabras! Total que después la vida fue generosa con él, a las visitas venía una enanita, se conocieron, se hicieron novios y cuando salió en libertad se casaron y tuvieron una hija.

Esa tarde Vizcaíno me invitó a que subiera por la noche a su paño en el sexto piso para que escuchara un poquito el radio. Como a las diez subí, estaba con un amigo, él hablaba y el otro escribía. Cuando terminaron me hizo señas para que me acercara y me puso frente al radio, ¿Qué era aquello? No tenía forma; un tubito, unas bobinitas y unos cablecitos, todo pequeño… era increíble que Vizcaíno le sacara vida aquel esqueleto desarticulado. Manipuló algo y me pasó una manguerita de las que se usan para los sueros para que me la introdujera en el oído… y allí estaba la vida, música,… música otra vez después de casi seis años sin escuchar una sola nota. Era una estación en español, el locutor decía que estaba poniendo música selecta para que los oyentes pudieran disfrutar su cena de Nochebuena escuchando lo mejor. ¡Qué música tan linda! Aquello llegaba al alma y a cada rincón de la vida. Estuve un rato extasiado, no quise abusar de aquella distinción, para mi tan especial con que me honró Vizcaíno y me retiré. Me acosté a rumiar el dolor, a pensar que el mundo seguía viviendo, celebrando su Nochebuena, comiendo y amando y nosotros allí, sintiéndonos dejados hasta de la mano de Dios… Estos contactos fugaces con la vida libre, le hacían mucho daño al preso.

Recuerdo también una vez que nos llevaron a trabajar a la finca "El Abra". Me alegré que nos llevaran allí, porque tenía curiosidad por conocer el lugar donde estuvo Martí antes de que lo deportaran para España.

El trabajo consistía en sacar a mano las hierbas malas de los canteros sembrados de hortalizas. Como a las dos de la tarde, cayó un aguacero torrencial y nos sacaron del campo porque inundado como estaba, no se podía continuar con el trabajo. Nos llevaron para un terraplén cercano donde había un puentecito, a esperar los camiones. Al poco rato de estar allí, sentados sobre la baranda del puente, se escucharon voces de mujer… todos hicimos silencio. Efectivamente, en la quietud silenciosa del campo después que llueve, se escuchaban claramente las voces y las risas; todos nos quedamos expectantes. El camino hacía una curva que impedía ver, pero se escuchaban acercándose. Al fin aparecieron: eran dos, venían conversando animadamente, pero al vernos dejaron de hablar y se vieron indecisas, pero continuaron; querían aparentar naturalidad y renovaron la charla, pero se veía que era forzada. Ya cerca, vimos que una era mayor, pero no tanto como para que fueran madre e hija… debían ser hermanas. La mayor tenía unos treinta años y la joven unos dieciocho, pero qué hermosura, y qué belleza de muchacha… ¡era una Venus! Todavía caía una llovizna fina y ellas se cubrían cada una con una capita de nylon. Pasaron entre nosotros sin saludar, ni mirar para los lados, conversando en voz baja. Cuando se alejaban, la hermosa se quitó la capa, tal vez inocentemente, inspirada nada más por ese instinto y esa coquetería natural de la mujer de dejarse admirar, pero no sabía ella cuánto daño hacía, cuánto nos martirizaba aquella visión increíble en medio de aquel campo. Se fueron alejando y nos quedamos en silencio, con dolor en el corazón, aspirando el perfume que flotaba en el ambiente y todos los ojos cosidos a aquel cuerpo glorioso.

Se sabe que existen hombres más valientes que otros; los conocí en presidio que más que valientes eran temerarios, que se enfrentaban a la muerte sin titubear y tal vez alguno de ellos no sintió miedo nunca, pero la gran mayoría de los presos sentimos miedo alguna vez y a veces todo el tiempo. —El miedo es un estado de ánimo; una aprehensión que se apodera de uno de que le suceda algo que no quisiera que le sucediera— y ya a los finales del plan de trabajo se puso la situación que todos los días había golpizas y problemas y esto iba minando los nervios. Yo al menos estaba que tomaba el poquito de café y el pan que nos daban por la mañana y cuando llegaba la hora del almuerzo, todavía no me habían hecho digestión. Se me alojó un salto en el estómago que no me dejaba vivir. Un día, a la hora del almuerzo, estaba acostado boca arriba sin camisa y un compañero, por hacerme reír, me preguntó que si se me había pasado el corazón para la barriga… y eso era miedo.

Había un muchacho llamado Osvaldo que le decíamos el "Tigre de Mayajigua" que se apoderó de él un miedo cerval. Cuando empezaban a dar golpes, no podía dominar los temblores, pero él era tan honesto que le decía a quien estuviera a su lado: "¡qué miedo tengo… mira como tiemblo!". Un día pasamos tremendo susto con él; ya he dicho que el preso siempre está buscando distracciones, hasta en las horas trágicas. "El Tigre", a pesar de ser de origen campesino, le tenía mucho miedo a los jubos. En el bloque nuestro estaba Rodolfo Rojas, "Rojita" que era un personaje; aunque muchacho de pueblo y estudiante universitario, no le tenía miedo a nada —planazos aparte—, bicho que pasara cerca de él, no escapaba. Un día que estábamos chapeando en unos pantanos, agarró un majá grande, lo apretaba por el pescuezo y hacía con él lo que le daba la gana; ese majá fue para la circular, muerto por supuesto y allí comí de él. Cogía un jubo y se lo metía entre la camisa y el cuerpo y pasaba el día trabajando con él encima, y comía hasta carroña. Un día vio un tronco podrido que tenía unos agujeros, cortó con el machete y le sacó dos gusanos blancos como del grueso y el largo de un dedo, le quitó las cabezas y se los comió con pan.

Una vez que estábamos regando abono, andaba Rojita con un jubo dentro de la camisa y como se sabía del miedo que "El Tigre" les tenía, cuando llegó a la pila y puso el jolongo para que se lo llenaran, alguien le sacó conversación, cosa de distraerlo, le pusieron el jubo en el fondo y le echaron tres paladas de abono encima. Salió "El Tigre" tirando puñados a un lado

170

y otro como hacíamos todos y nosotros pendientes. Cuando ya quedaba poco abono en el jolongo, que metió la mano, lo que sacó fue el jubo enredado en ella. Cuando ese hombre vio aquello se volvió loco, empezó a correr y dar gritos con la mano en alto. Nosotros nos asustamos porque corría sin control —tiempo atrás habían matado a Diosdado Aquit porque el viento le voló el sombrero y cuando, autorizado por el cabo, corrió tras él, un guardia del cordón le disparó por la espalda y lo asesinó—Ahora temíamos por "El Tigre" y le gritábamos a los guardias ¡no disparen… no disparen! Al fin el jubo se escapó del puño crispado, y "El Tigre" vino a nosotros, ni siquiera enojado porque era tan noble, diciendo tembloroso: "no me hagan más eso, que me van a matar"… La verdad que fue una broma de mal gusto.

En una ocasión nos llevaron a chapear a un naranjal que había cerca del pueblo de Santa Fe. Nos bajaron y entre dos o tres, como hacíamos siempre, bajamos los tanques con la comida y los pusimos a la sombra de un árbol grande. Allí casi todos dejamos las camisas, porque era verano y hacía mucho calor y andar con ellas era una encomienda. Empezamos a chapear alejándonos de los tanques; como a media mañana, vimos que el negro Charón, en vez de la bayoneta, tenía un cable eléctrico en la mano: era grueso y flexible y le había hecho una gaza para meter el puño, de manera que cuando lo usara no se le escapara. Andaba tirando cablazos al aire y a los troncos de naranjos; sabíamos que quería estrenarlo en alguien… y nosotros todos sin camisa.

A la hora del almuerzo, ya lejísimo de los tanques, nos formaron para contarnos en un pequeño claro que había dentro del naranjal. Después de contados, Charón llamó a un guardia del cordón que le decían el "Jabao", que era tan malo como los cabos, y le dijo que le señalara al que había visto comiendo naranjas. El Jabao caminó a lo largo de la fila y sacó al "Chino" René López León: ahí pensamos nosotros que el pobre "Chino" era el que iba a estrenar el cable; pero había algo que todos sabíamos que existía y era que los cabos antes de salir por la mañana, recibían órdenes. —Estoy seguro que ese día la orden era no dar golpes porque con las ganas que tenía él de estrenar su nuevo instrumento de castigo y no usarlo—. Lo que hizo fue que le dijo al "Chino": "ahora te vas a joder, porque todos van a comer naranjas y tú no", y volviéndose a nosotros gritó: "¡Arriba, a comer naranjas todo el mundo!". La fila se deshizo, unos a coger naranjas que estaban al alcance de la mano y otros se hicieron los disimulados… y yo me quedé parado en la fila—de aquello, quedan testigos vivos para dar fe—. El cabo se encaró conmigo y me dijo: ¿y a ti que te pasa?…. ¡Arriba, a comer naranjas! Le respondí: no cabo, no como naranjas, ni escondido de usted ni delante… ¡No como! Ningún ser humano se conoce a sí mismo ni sabe cómo va a reaccionar ante determinadas circunstancias. No fue una actitud premeditada; nadie esperaba aquella orden, si nunca antes había sucedido; pero vi en aquello demasiada humillación; que me lo prohibieran… estaba bien, pero que me obligaran… no y en ese momento se me quitó el miedo y me preparé para ser quien recibiera los cablazos. Estaba de los primeros en la fila y creía que era el único pero cuando miré hacia atrás, vi que no estaba solo, éramos seis los que nos quedamos. Menos el de uno, recuerdo el nombre de los cuatro restantes: Víctor López Becerra, Arias, Castillita y sorpresa… Osvaldo, el "Tigre de Mayajigua". Tan asustadizo y tembloroso siempre y allí estaba sereno, me parece recordarlo hasta con una media sonrisa asomada a los labios. Esto hace recordar la frase del rey que decía: "No tiembles esqueleto, que aunque tiembles, mi alma te llevará al combate".

El cabo mandó a formar y le dijo al Jabao que nos llevara a nosotros a que siguiéramos chapeando y que el que levantara la cabeza, le entrara a tiros. Al bloque lo llevaron para el almuerzo, aquel día estuve a punto de desmayarme, estaba deshidratado de tanto sudar y sin agua, lo soporté gracias a que Vitico que era mi compañero y estaba fuerte, me dijo que me dejara llevar, que él estaba "entero…" ¡se lo agradeceré siempre!

Como a los cuarenta minutos, regresó el bloque; nadie almorzó ¡otra vez la solidaridad y el compañerismo valiente! Ya dentro de los demás pudimos nosotros beber agua y distendernos un poco. A Castilla le dio una fatiga por la tarde que hubo que tenderlo bajo una mata de naranjas; estaba muy delgado y débil.

Un día amaneció lloviendo después de una noche tormentosa y nosotros nos pusimos de lo más contentos porque se veía que era un mal tiempo, de esos temporales que pasan por Cuba que a veces duran cuatro o cinco días y estábamos seguros que así no nos iban a sacar a trabajar porque en otras ocasiones no lo habían hecho. Como a las ocho de la mañana, sin que hubiese dejado de llover, llamaron a nuestro bloque para que formáramos pues había que salir a trabajar. Todos nosotros maldiciendo, pero había que salir. Cada uno cogió lo que tenía para protegerse de la lluvia, que bien poco era. Nos sacaron para el frente de la circular, nos contaron y nos llevaron para los camiones—. No eran los cabos de nuestro bloque, era Escambray y otro no conocido—. Fuimos para la granja la "Reforma" que queda a más de una hora de camino de la prisión, todo el tiempo bajo el aguacero. Cuando llegamos nos pusieron a sembrar pangola; había un campo inmenso, ya arado, con muchas pilas de hierba cortada; teníamos nosotros que coger una brazada y caminar por el campo regando briznas. La tierra arada estaba cubierta por el agua y uno caminando se enterraba hasta las rodillas; cierto que el día estaba especial para sembrar porque con esa tierra mojada y pisoteada la hierba prendía enseguida, pero no nos explicábamos por qué, si en otras ocasiones se había sembrado con buen tiempo y prendía también. Por otra parte nos preguntábamos por qué sacaron al bloque nuestro solamente y que supiéramos, no era por algún castigo especial. Como a las once de la mañana se despejó la incógnita. Vimos una caravana de jeeps del ejército que se acercaba y supimos que era Fidel que venía a visitarnos y le habían creado las condiciones para que nos viera trabajar.

Por el lado del terreno donde estábamos corría un terraplén donde había una parte que se elevaba como a tres metros sobre el nivel. Allí se detuvieron los jeeps y bajó él bajo la lluvia, que en ese momento no era muy fuerte, sin nada encima para cubrirse, como queriendo demonstrar que desafiaba los elementos, que hasta la naturaleza tenía que plegarse a su voluntad y caminó hasta el borde del camino para contemplar la escena. Creo que hasta el detalle de la parte elevada la tuvieron en cuenta porque sabían que así es que se sentía bien él, mirando desde arriba y que lo vieran desde abajo. (Un camarógrafo que estaba en prisión decía que a Fidel no se le podía hacer tomas desde arriba, que se enfurecía, tenía que ser desde abajo). Yo estaba cerca del camino y pude ver bien su expresión, la satisfacción que se le asomaba al rostro. Así estuvo un buen rato, inmóvil, como la estatua de cosaco ruso, con el mentón levantado, mirando en lontananza; parece que para regodearse con aquel estimulante espectáculo que le ofrecíamos nosotros: cincuenta sombras enterradas en el lodazal hasta media pierna, escuálidos y ateridos bajo la lluvia gélida y rodeados por guardias encapotados.

Cuando se retiró, al poco rato nos mandaron a formar y nos llevaron para un caserón que había cerca, que fue una vaquería que estaba medio derruida. Todos nosotros temblando y castañeteándonos los dientes. A uno que le decíamos "Berrinche", no eran temblores solamente, sino que le daban unas convulsiones… tuvimos que reunir hojarascas y ramitas secas y hacer un fuego para calentarlo.

Al poco rato llegaron los camiones para regresarnos a la circular; ya habíamos cumplido nuestra misión: satisfacer la mente enferma del "comandante en jefe".

En ese mismo campo, a la otra semana, Escambray, que era un sanguinario, le dio un bayonetazo a Pepe Luis que le llegó a la vejiga y comenzó enseguida a orinar sangre. Los que estábamos cerca empezamos a gritarle "asesino" y él se asustó y corrió a refugiarse en la guarnición. A Pepe Luis un camión lo llevó para el hospital y quedó afectado para toda la vida.

Ya dije que en la circular se hacían "peñas martianas"; esto consistía, en los que simpatizábamos con su vida y su obra, reunirnos para hablar de él. Se leía en grupo fragmentos de sus discursos y escritos y después se comentaban. El más entusiasta era el viejito Hevia. No creo que algún otro cubano haya amado más a Martí que Hevia; era una admiración lo que sentía por él; como un orgullo de padre. Empleaba la mayor parte de su tiempo investigando en su obra y cuando encontraba algo que lo impactaba, fuera un pensamiento o una poesía, corría a mi celda y me lo leía con voz trémula; era una pasión lo que sentía, pero una pasión contagiosa.

Empecé a leer a Martí desde La Cabaña y he dicho que desde el primer momento me impresionó. Salvando las distancias, entre el lector y el escritor se establecen corrientes. Hay quien disfruta leyendo a Maquiavelo o a Vargas Vila y hay quien no los puede leer. Yo encontré en la lectura de Martí algo que me hacía sentirme bien; tal vez sería porque vivía dentro del sufrimiento y como la vida de él fue tan sufrida…

Una persona que estuviera viviendo momentos felices no le hubiese gustado leer a Martí, porque sentiría al leerlo como se le iba ensombreciendo la alegría, porque todos sus escritos rezumaban nostalgias y pesares, pero para el que estuviera viviendo malos momentos, Martí era el mejor compañero de viaje; para todos los dolores, tenía él un bálsamo. Para el que sufriera la carencia de libertad decía: *«la libertad cuesta cara y hay que pagarla por su precio o resignarse a vivir sin ella»*.

Para no dejar que se cayera en la debilidad del lamento y la queja: *«el lamento es de ruines cuando está en frente la obra»; «la queja es una prostitución del carácter»*.

«En la cruz murió un hombre un día; pero se ha de aprender a morir en la cruz todos los días».

«Sufrir bien, por algo que lo merezca da juventud y hermosura».

«La pena de muerte mata una vez. El presidio mata lentamente, mata todos los días, mata a pedazos».

Todos estos pensamientos se sacaban de sus escritos y si bien no podían evitarte los sufrimientos, daba fuerzas para resistir el saber que un cubano como aquel, tan grande a nuestros ojos, los sufrió primero.

Un día trabajando en el campo me encontré una pluma grande de ave; desde que la vi, le asigné su destino. La traje para la circular y cuando se la enseñé a Hevia, era como si me hubiese adivinado el pensamiento: ¡Qué buena está para un acto a Martí!, me dijo. (Hay una foto muy conocida de Martí donde aparece escribiendo con una pluma de ave: de ahí la asociación de la pluma con él). Estábamos en enero y se acercaba el veintiocho que era el día de su natalicio; le dimos calor a la idea, hablamos con los seguidores y el veintiocho hicimos el acto en mi celda. El invitado de honor era Jorge Vals que lo sabíamos un Martiano ferviente. La escenografía era una mesita simulando un escritorio con un pomo encima como tintero con la pluma de ave y una foto de Martí; junto a la mesita, un trípode a modo de mural con un pensamiento que Hevia y yo escogimos para la ocasión que nos lo escribió con letra grande y bonita un amigo pintor. El pensamiento decía: *«Asesino alevoso ingrato a Dios y enemigo de los hombres es, el que so pretexto de dirigir a las generaciones nuevas, les enseña un cúmulo aislado y absoluto de doctrinas y les replica al oído, antes que la dulce platica del amor, el evangelio bárbaro del odio».*

¿Habrá encontrado algún otro ser humano palabras más exactas que estas para definir a Fidel Castro?

Los reunidos éramos doce o quince, apretujados en la celda y en el pasillo. Se leyeron fragmentos de sus discursos y algunas poesías, finalmente Jorge tomó la palabra. Nunca más en mi vida he oído unas palabras homenajeando a Martí más emotivas y cálidas que aquellas… El viejito Hevia lloraba.

Quizás me he extendido demasiado en esto, dejando el tema

central, pero me he dejado llevar porque sé que nunca más voy a escribir nada y como que tengo la esperanza de que algún día mis nietos lean estas páginas, tal vez sentirán curiosidad por conocer a aquel hombre que marcó su huella en el espíritu del abuelo… Ojalá que así sea y prenda en ellos la semilla, que quien la lleve dentro, nunca podrá ser un hombre malo.

Pienso que tal vez en aquello había un poco de fanatismo de mi parte y así lo veían mis amigos. Muchas veces cuando estábamos en el campo esperando los camiones, movían a ex profeso la conversación sobre Martí y decía uno por allá: "dejen quieto a Pepito ginebrita". Sabía que lo hacían porque me tenían afecto, por jugar conmigo, pero a pesar de eso, me molestaba; me parecía como una blasfemia. Un día me le encaré y le dije: "ven acá chico, ¿tú no tienes otra cosa con qué hacer un chiste?, debía darte vergüenza. Es un bochorno que un preso político cubano se burle de Martí… eres un malagradecido". Después no jugaron más con eso. Me habrán tenido por fanático, pero no podía evitarlo; para mí Martí es algo sagrado al que nosotros le debemos respeto. No ha habido cubano que haya puesto más alta nuestra imagen, ni que haya amado más a Cuba *«para Cuba que sufre mi primera palabra»*, decía y uno de los hombres más grandes del mundo por el que debemos sentirnos orgullosos.

Cuando salí de la prisión, tan pronto pude, fui a las "Canteras de San Lázaro" donde estuvo preso picando piedras con los grilletes puestos. También fui a la casa donde nació, en la "Avenida de Paula", que entonces era museo, y entré en ella; y en el ochenta y tres, antes de salir para Venezuela, peregriné con mis pequeños hijos desde La Habana hasta Oriente para ir a su tumba en el cementerio Santa Efigenia—Cuando uno salía de Cuba, no sabía si volvería más nunca y me parecía un deber despedirme de él.

Cuando llegué a Venezuela, compré un busto para la cabecera de mis hijos; el mismo que hoy preside las reuniones de nuestro municipio.

Durante todo el tiempo del plan de trabajo forzados, continuaron las visitas; eran cada dos meses, aunque no había en ello un cumplimiento exacto, algunas veces se demoraban más. También teníamos derecho a una java cada cuarenta y cinco días. Esta java era la salvación, creo que eran veinticinco libras; venía leche en polvo, chocolate, gofio, azúcar, picadura y papelitos para hacer cigarros. Por la madrugada, antes que llamaran los bloques, la circular parecía por dentro una luminaria; frente a cada celda un fogoncito prendido calentando la leche o el chocolate, porque con lo que daban de desayuno solamente, nos hubiésemos muerto de hambre. Uno llevaba para el campo un poquito de gofio que era la merienda en los diez minutos de descanso. Los presos tenemos que hacerles un monumento al gofio y al macarrón, si no hubiese sido por ellos, no hubiésemos podido subsistir. El gofio es muy alimenticio, pero seco, y con la comida que nos daban que no tenía una gota de grasa y el gofio astringente, casi todos los presos terminaron sufriendo hemorroides.

A mi visita venían siempre mamá y mi hermana, aunque algunas veces mi hermana le cedía el turno a mi novia, Marta Lamazares, la que endulzó un poco la amargura de mi vino durante los nueve años.

A finales del sesenta y seis, vino papá a la visita; ésta era la última que iba a recibir en la Isla, aunque en aquel momento no lo sabía. Hacía tiempo que venía pidiéndole a mamá que le dijera que viniera, que tenía muchas ganas de verlo, pero él decía que no tenía valor para verme preso. Al fin vino y fue de sorpresa, porque se decidió a última hora. Mi hermana llegó a mí primero y me dijo: "Ahí viene papá"; le corrí al encuentro y lo abrasé, pero él no reaccionaba; me miraba y lo único que se le notaba en su expresión era extrañeza. Me di cuenta que no me conocía y comencé a hablarle: ¡Qué bueno que viniste viejo! ¿Cómo esta mamá? ¿Y la finca?... cuéntame del tractorcito, y Canelo ¿está vivo todavía? Al fin le vi vida en los ojos, se le agrandaron y entonces lo atacaron unos estremecimientos y convulsiones; quería llorar pero él no sabía. Jamás en mi vida vi llorar a papá, fue siempre un hombre muy duro. Nos sentamos y le puse el brazo por encima del hombro, lo apreté y dejé que se desahogara; después me miraba y me volvía a mirar; ¿Cómo me iba a conocer? si parecía un negro de trabajar bajo ese sol inclemente de Isla de Pinos y con lo flaco que estaba, que después mi hermana me decía: mi hermano, si tú eras nada más que hueso y pellejo. La visita fue muy dolorosa para los dos, lo vi acabado, ya no era aquel hombre fuerte que recordaba, que se le notaban los pectorales por encima de la camisa y lo vi triste y callado.

A los pocos días empezó el movimiento de sacarnos de la Isla y traer presos comunes. Sacaban una cordillera de nosotros, y traían una de ellos. Una vez que comenzó esta operación, quedaron totalmente suspendidas las visitas, las javas y la correspondencia; este proceso fue largo y desesperante; duró como tres meses ¡... y con las ganas que teníamos de salir de allí! Ahí sí se enseñoreó el hambre de verdad, cuando las reservas que teníamos se fueron terminando; ya no había gofio que llevar para el campo, ni chocolate, ni leche en polvo para reforzar el desayuno que nos daban. Cuando los diez minutos de descanso nos tirábamos en la hierba sin poder echarnos algo en el estómago; comían únicamente los que habían tenido la voluntad de guardar el panecito que nos daban por la mañana en el desayuno. Ésa fue una de las épocas que más se sintió el hambre en presidio y que más efecto nos hizo, porque teníamos que trabajar consumiendo las pocas energías que nos quedaban y el trabajo era más agotador porque los cabos eran cada vez más exigentes y sanguinarios y nosotros estábamos que no ofrecíamos resistencia porque nos habían doblegado a base de golpes y como se avizoraba un rayo de esperanza, nadie quería arriesgarse sabiendo el poco tiempo que nos quedaba allí.

Una vez fuimos a un sembrado de pepinos a guataquear y nos los comíamos con cascara y todo, y un día que estábamos sacando matojos diseminados por los potreros me encontré una palmita pequeña, la arranqué con el pico, le quité las hojas y la fui llevando conmigo hasta que dieran los diez minutos; cuando llegó la hora, la abrí, le saqué el palmito, que es la parte del centro que es comestible y me lo comí con avaricia; al poco rato sentí un desfallecimiento y cuando abrí los ojos estaba en el suelo y mis compañeros inclinados sobre mí: me había desmayado; así sería la sorpresa que recibió mi estómago. Suerte que esta hambruna, no duró mucho tiempo, de lo contrario, no sé qué hubiese sido de nosotros.

A la circular llegó trasladado un muchacho, venía solo y al otro día cuando nos llamaron lo nombraron a él también; lo habían asignado a nuestro bloque. Nadie lo conocía y era una persona muy callada, no hablaba con nadie y a la hora del almuerzo se apartaba; supimos que se llamaba Gerardo y que venía del plan de rehabilitación. A los cuatro o cinco días, cuando nos formaron por la tarde para regresar y nos contaron, faltaba uno; el cabo pasó lista y el que faltaba era él: se había fugado. Al momento se creó una tensión porque pensábamos que los cabos la iban a emprender con nosotros creyendo que lo habíamos ayudado, pero no sucedió nada, montamos en los camiones para regresar. Para nosotros, fue tanta sorpresa como para los cabos, nadie vio nada; pero estábamos contentos y pidiéndole a Dios que no lo agarraran. Pasaron varios días y no se tenían noticias, pero se sabía que andaban tras él y una mañana, cuando llegamos al campo, el cabo dijo muy orondo que lo habían capturado por la madrugada en una vaquería que había cerca de la prisión y que lo habían matado... ¡Qué asesinato! Un pobre muchacho desarmado y hambriento que tal vez fue a la vaquería buscando un poco de leche. Aquello nos llegó al corazón y nos dejó el complejo de que si hubiésemos hecho algo por romper el aislamiento al que él mismo se condenó, tal vez no se hubiese fugado.

Aunque a un ritmo lento, seguían sacando cordilleras de nosotros para Cuba y trayendo presos comunes. Ya la circular uno estaba totalmente llena de ellos. En una ocasión que pasamos cerca de ella, los vimos asomados a las ventanas, nos chiflaban y piropeaban y se veían algunos con lazos en la cabeza, argollas en las orejas y los labios pintados. Daba vergüenza ver aquello, tan honorable y tan macho como era nuestro presidio político.

A ellos también los sacaron a trabajar; al principio se negaron e hicieron resistencia, pero los doblegaron; oíamos cuando Juan

Rivero les gritaba: "¡aquí todo el mundo tiene que trabajar, los presos políticos sí son cojonudos y tuvieron que trabajar!".

Al fin llegó el día, estábamos todavía en la circular tres, ya quedábamos pocos, por la tarde llamaron una lista grande y nos trasladaron para la dos que estaba vacía y allí pasamos la noche (esa fue la única ocasión que estuve en la dos); por la mañana nos sacaron para el corral, allí trajeron el almuerzo… el último macarrón blanco de Isla de Pinos. Como a las tres de la tarde nos formaron y fuimos caminando para la entrada del presidio donde nos esperaban los camiones. Montamos como siempre, pero ahora, no una vez más para salir a trabajar, sino la última y para dejar atrás definitivamente aquel monstruo devorador de vidas… y allí quedaban penando las almas de nuestros muertos.

Cuando llegábamos a la ciudad de Gerona, los camiones doblaron a la derecha, hacia el mar. Veíamos a la gente cerca, de la calle a la acera y le decíamos adiós y ellos respondían temerosos; y recuerdo una mujer que enarbolaba una prenda azul y nos la mostraba.

Llegamos al muelle; allí estaba atracado el barco que era un ferri viejo que antes de la revolución, hacia la travesía, Batabanó la Isla. En él venían siempre nuestros familiares a las visitas y por ellos sabíamos que ya no tenía motores, que era una carcasa vieja y cansada, a merced de los remolcadores.

Al bajarnos de los camiones íbamos directamente a abordar el ferri; al término de la pasarela, nos entregaban a cada uno un pan con algo dentro, una pasta que le decían "diablito" y nos advertían que eso era lo único que teníamos de comida, como insinuando que no nos lo comiéramos enseguida.

Cuando terminamos de abordar eran como las seis de la

tarde; el barco estaba lleno hasta el tope, creo que seríamos como trescientos. Se escuchó un pitazo largo y fuerte, soltaron amarras y el ferri empezó a despegarse del muelle, entonces se empezaron a sentir los sacudones del remolcador tirando de él. Sabíamos por nuestra familia que nos esperaba una noche larga y penosa, como la sufrían ellos, porque la travesía duraba doce horas. Pero nosotros íbamos contentos; como siempre, todo era incógnita, no sabíamos lo que nos esperaba, pero íbamos para Cuba, y eso daba por dentro una sensación de seguridad... ¡hasta para morir Cuba era mejor!

La gente no le dio mucho largo a la espera de atacar el pan con pasta, no más alguien desempacó el suyo, todos hicimos lo mismo... igual daba ahora que más tarde y el estómago lo estaba pidiendo a gritos.

El barco avanzaba lento y dando tumbos y como que se encabritaba ante la furia con que tiraba de él, el remolcador, que se veía a lo lejos echando humo y con la popa toda hundida en el agua.

Desde el barco vimos la última puesta de sol de Isla de Pinos; esta vez, tendiendo un abanico púrpura entre él y nosotros, hasta que se lo tragó el mar.

Como a los treinta o cuarenta minutos después de habernos comido el pan, si alguien nos hubiese estado mirando de lejos, se hubiese dado cuenta que algo perturbaba la pasividad del viaje; empezó la gente a ponerse de pie, a frotarse el estómago y a mirar como investigando dónde estaba el baño. Al poco rato, frente a cada uno de los dos baños, se formaba una larga cola. Para que no olvidáramos la Isla ni la despedida, nos habían echado jalapa en el pan —aunque después supimos que el propósito era otro más macabro— ... y la jalapa fue sin miseria. Aquel fue un viaje histórico, la gente se corregía en los sombreros y los lanzaba al mar, después en los platos, tiraban el contenido y los conservaban para una segunda, tercera y tal vez cuarta evacuación. Fue una noche terrible, todos tumbados por el piso, desfallecidos y callados.

Junto con los claros del día, se empezaron a ver en el horizonte las luces del muelle de Batabanó. Como a las siete de la mañana atracó el ferri y empezamos a desembarcar nosotros junto con la escolta que nos entregaba a la que nos esperaba allí... y lo que nos esperaba no era como para sentirnos bienvenidos; dos hileras de guardias con perros pastores sostenidos por el collar queriendo soltarse para devorarnos. Así nos montaron en varios autobuses Leilan y emprendimos el viaje con cuatro o cinco guardias en cada autobús. Al principio no sabíamos hacia donde nos dirigíamos, pero después vimos que era hacia occidente, rumbo a Pinar del Río. Fuimos pasando pueblos y más pueblos por la Carretera Central sin detenernos ni un segundo, el que tenía deseos de orinar, lo hacía en el hueco de la puerta trasera. Se terminó el asfalto y continuamos por un terraplén polvoriento; al fin, a las cinco de la tarde, se detuvieron los autobuses y desmontamos dentro del perímetro de una prisión que los lugareños que estaban entre nosotros, identificaron como: "Sandino Tres".

SANDINO TRES

Habíamos llegado a Sandino Tres y nos bajaron en el patio de la dirección que estaba cercado; desde allí, como a cincuenta metros se veía el patio del campamento y a los presos que estaban más lejos, porque no los dejaban acercarse: todos vestidos de azul. Enseguida nos dimos cuenta de lo que nos esperaba y comprendimos el por qué aquella mujer en Nueva Gerona enarbolaba la prenda azul; debe haber sido familiar de algún preso y por eso sabía que nos iban a cambiar la ropa. Observando bien al grupo de presos, empezamos a reconocer a algunos; identifiqué a Monguito Pimentel que sabía no se vestía de azul voluntariamente.

Los guardias nos hicieron replegarnos hasta el fondo del cercado, más lejos de la dirección y del campamento; formaron un cordón frente a nosotros y así estuvimos por largo tiempo… como dos horas. Allí empezamos a sopesar la situación; no nos quedaba otra alternativa que dar batalla. La ropa azul era la que usaban los presos comunes y ya Fidel en distintas ocasiones se había referido a nosotros como "delincuentes comunes". La razón de disolver el presidio de Isla de Pinos, era porque ya lo de nosotros tenía repercusión internacional, inclusive, en una ocasión, un barco cargado de cítricos que llegó a Canadá, tuvo que regresar para Cuba, porque los obreros portuarios se negaron a descargarlo porque la carga era producto de mano de obra esclava. Nosotros constituíamos

187

una espina que le molestaba a Fidel, por eso nos disgregaba por todas las cárceles de Cuba, porque juntos constituíamos un baluarte y más vestidos de amarillo ¡Qué momento más tenso para nosotros! Y a todas éstas, aniquilados físicamente como estábamos, con treinta y seis horas de vigilia y deshidratados por una noche de diarreas sin haber ingerido más nada después para reponernos.—La jalapa que nos dieron en el barco, fue con ese propósito, para que llegado este momento, estuviésemos sin vigor y energías para resistir—. Y la verdad que uno se sentía con ganas de morir, desmoralizado, sin voluntad para nada.

Como a las dos horas salió un grupo de guardias de la dirección y al frente de ellos un oficial con porte, el uniforme brilloso de tan planchado. Se dirigió a nosotros, hablaba con voz nasal, fañosa; era el famoso "Ñato" Emigdio González.

Dijo que era el jefe de campamento y que la orden era que teníamos que vestirnos de azul, que ya habíamos podido ver a nuestros compañeros que estaban dentro, que la razón de este cambio de ropa, era porque la revolución, debido al bloqueo norteamericano, tenía dificultad con la ropa amarilla (la ropa era beige pero se le decía amarilla); que seguíamos siendo los presos políticos que éramos, pero que teníamos que vestirnos de azul, que quería que nosotros lo entendiéramos para que no hubiera violencia, porque si no era por las buenas, sería por las malas y dio orden que fuésemos saliendo de cuatro en cuatro. Se hizo un silencio… nadie salía. En eso empezó a moverse el grupo dándole paso a alguien que salía al frente: era Onofre Pérez. Salió y se enfrentó al "Ñato" y le dijo: "Teniente, no me visto de azul porque no me da la gana". El Ñato se sorprendió, no esperaba aquella actitud, "¿Y tú quién eres, tú eres guapo?"

188

le preguntó y dijo Onofre… "yo si soy guapo, soy el capitán Onofre Pérez, que peleé en la Sierra y he matado más gente que el carajo y para vestirme de azul, me tienes que matar". El Ñato se llevó la mano a la pistola y Onofre caminando hacia él le decía: "Saca… tira, tú lo que no tienes es cojones porque no peleaste nunca, no has sido más que un pobre miliciano" (así afirmaban todos los que conocían la historia del Ñato). El Ñato se veía desconcertado y pálido, decía: "éste está loco" y se volvió a los guardias y les ordenó que metieran a Onofre en la jaula. Se abalanzaron cinco o seis sobre él, lo inmovilizaron y lo encerraron en un camioncito cerrado.

Ya dije anteriormente que en presidio conocí hombres que no le temían a la muerte y que no conocían el miedo: Onofre Pérez era uno de ellos; todo lo que le faltaba de cuerpo porque era un hombre endeble, lo tenía de valor… ¡Qué hombre más bravo aquel!

Cuando se llevaron a Onofre volvió el Teniente: "Arriba, que salgan de cuatro en cuatro", pero nadie se movió. Esperó un rato y dijo: … "Bueno, ustedes se lo han buscado" y le hizo señas a un guardia que salió hacia la dirección. Al poco rato se apareció un grupo de militares altos y fuertes todos, sin armas… era el cuerpo de Yudocas, se abalanzaron sobre nosotros, entre dos agarraban a uno y lo llevaban en andas para la dirección, a los pocos minutos veíamos que lo sacaban por una puerta lateral y lo lanzaban por la puerta del campamento ya vestido de azul. Aquello duró horas; cuando llegaron a mí, no hice resistencia, solamente no moví los pies y me llevaron a rastras; cuando entramos a la dirección había cuatro o seis fuertes de aquellos, me elevaron por los aires, de dos tirones me dejaron desnudo, cogieron un pantalón y una camisa, no importaba la talla, regularmente todas grandes, me enfundaron en ellas y por el aire seguí hasta la puerta del campamento hasta caer en tierra; de ahí otros guardias me empujaron hacía el grupo que mantenían alejado.

¡Qué momento aquel más triste, que amarga derrota, uno se sentía destruido, el ánimo y la autoestima por el piso; miraba hacia abajo, hacia uno mismo y veía a un extraño!— Tantos años los ojos acostumbrados a ver la ropa amarilla, que nosotros vestíamos con orgullo, porque era el símbolo de la resistencia.

Me tiré esa noche por donde pude,… me estaba muriendo.

Vino el otro día y con él la nueva realidad. Estábamos en el campamento Sandino Tres (los campamentos de Sandino eran: Uno Dos y Tres). Eran igual que los campos de concentración alemanes, rodeados por doble cerca, con garitas en el medio y la dirección fuera. Constaban de diez barracas paralelas, entre las barracas y la puerta de entrada, el comedor y la cocina y detrás de las barracas, los baños. Estos campamentos los construyó Fidel para alojar a los campesinos de la "Sierra Escambray" que los desalojó de allí quitándole sus propiedades, porque decía que ayudaban a los alzados contra la revolución, que se habían hecho fuerte en esas montañas.—Estos desalojos de campesinos de la zona de guerra, lo había practicado antes en Cuba, cuando la Guerra de Independencia, un Capitán General español, que se llamaba Valeriano Weyler— Aquel hombre se hizo tan famoso por malo, que pasados los años, Cuba ya República, cuando alguien era muy malo, se decía de él: "ten cuidado, que ese es más malo que Weyler". Y Fidel hizo lo mismo que Weyler, más malo, porque ya estos campesinos perdieron sus tierras para siempre y sus familias quedaron disueltas. (El padre de Fidel, Ángel Castro, vino para Cuba como soldado de Weyler).

Cada prisión tiene sus reglas, su manera propia de operar. Aquí había un solo recuento por la tarde; sacaban al personal para uno de los patios —porque había dos— mandaban a formar en bloques de cinco de fondo por cinco de ancho y así contaban rápido.

Las comidas eran en el comedor, había una mesa muy larga, los trabajadores, que eran los propios presos, las cubrían con platos servidos y así comíamos por grupos.

De aquellas comidas por grupo me quedó una costumbre dañina que no he podido superar todavía: el comer deprisa.

Los guardias que estaban a cargo de las regulaciones en el comedor le daban cierto tiempo a cada grupo, regularmente corto y en dependencia del apuro que tuvieran ellos. Cuando daban la voz de "de pie" había que levantarse y dejar el plato como estaba, y el que quería continuar tenía que dirigirse al guardia y decirle: "con permiso combatiente, ¿puedo terminar?" Ellos regularmente autorizaban porque se sentían orgullosos y elevados de categoría, pero para nosotros era una humillación tener que pedir permiso y encima decirle combatiente a uno de aquellos enganchados y oportunistas que jamás habían visto un combate, por eso nos acostumbramos a engullir la comida a toda velocidad para que cuando dieran la orden no quedara nada en el plato.

Como en todas las circunstancias de la vida, en ésta el tiempo también puso su parte. Todo se fue haciendo rutina, lo único que molestaba como el clavo en el zapato, era el asunto de la ropa, no por el color solamente, sino por el significado. Empezó la gente a salir por la mañana en calzoncillos, se paraban frente a la puerta de entrada y de ahí los sacaban... se decía que a muchos el Ñato les daba golpes antes de mandarlos para la cárcel de Pinar del Río. No quiero dar cifras de los que se quitaron la ropa, porque no tengo seguridad, pero fueron varios. —Esto de la ropa fue algo que hizo sufrir mucho al presidio, hubo muchos presos que pasaron más de diez años en calzoncillos, sin visita y pasando frío—. Por la parte que me corresponde como preso les doy toda la gloria que merecen.

Por lo demás teníamos que reconocer que habíamos mejorado de vida; por el momento, no trabajábamos, la comida, aunque no buena, era mejor y por las noches ponían el radio que tenía una bocina en lo alto de un poste que había en el parquecito. Siempre sintonizaban un programa que se llamaba "Nocturno" que nosotros, por estar tan apartados de este mundo no sabíamos que existía. Hay que haber estado mucho tiempo sin escucharla para entender que la música es una necesidad del alma. Ahí escuchamos por primera vez a los "Mustang", los "Diablos", los "Ángeles Negros" y otros, que eran famosos y que el mundo disfrutaba de ellos, pero que nosotros no conocíamos, como si habitásemos en otra galaxia.

Comenzaron las visitas, mi familia tenía que hacer un viaje de ocho horas desde La Habana hasta el extremo occidental de Cuba que era donde estaba el campamento, en unos arenales donde no había llegado todavía la civilización.

Empezaron a sacarnos a trabajar; nos llevaban en carretas tiradas por tractores. El trabajo consistía en recoger boniatos, que era de lo poco que se daba en aquel desierto. También habían sembrados de mango y nos ponían a guataquear alrededor de los troncos. Aquí el trabajo no era tan fuerte como en la Isla y no daban golpes; el único que golpeaba era el "Ñato". Al que cometiera alguna indisciplina, lo llevaban para la dirección a su presencia; él lo mandaba a pararse junto a la pared y se le iba acercando, hablándole para entretenerlo, de pronto le daba un empujón por la frente y le estrellaba la cabeza contra la pared, el preso caía al piso. Hubo a quien le fracturó el cráneo.

Ya llevábamos varios meses en Sandino. En mi barraca que era la cinco, estaba Alberto Hernández Méndez, que tocaba guitarra. Le pedí que me enseñara pero él me dijo que para eso tenía que tener una propia, porque a ratos, con guitarra prestada, se me iba a hacer muy difícil. Decidí fabricar una. En las barracas estaba prohibido hacer trabajos manuales, pero montando vigilancia se podía intentar. Hablé con mi socio de litera, Augusto Ibáñez y le dije: "Viejo, voy a fabricar una guitarra… ¿tú me ayudas a vigilar?" Y me dijo: "Arriba". Me metí en la barraca cuatro, que era la única deshabitada porque tenía el techo malo, le arranqué unas tablas y me di a la tarea. Con unos pedazos de vidrio, una hoja de segueta que conseguí con los carpinteros que trabajaran fuera y pedazos de lijas, empecé a rebajar las tablas… y Augusto vigilando. Cuando venía el guardia que se la pasaba dando vueltas por todas las barracas, él me avisaba y yo metía las tablas bajo la colchoneta; pero Augusto, a pesar de que tenía más de cincuenta años, era como un muchacho, no tenía seriedad para nada, siempre jugando y de titiritero y un día se entretuvo, no vio al guardia y cuando vine a ver lo tenía encima y me quitó las tablas. Se me cayeron las alas del corazón, yo que tenía tanta ilusión con la dichosa guitarra. Augusto estaba de lo más apenado conmigo y me decía: "vamos otra vez, que tu veras que ahora sí no me van a sorprender" y al fin me convenció y le entré a la obra con más bríos.

No voy a hacer el cuento, solo decir que en dos meses estaba terminada la guitarra y empecé a recibir mis clases. En poco tiempo estaba muy adelantado. Alberto me tenía por superdotado, pero no era por eso, si no que le dedicaba mucho tiempo y que él era muy buen profesor, tanto, que hasta creó un método de aprendizaje.

Al poco tiempo formamos un trío que los que estuvieron en Sandino en esa época, recordarán. Lo componíamos: Alberto, "El Jimagua" José Pérez Castro, Fernando Estrada, que era la voz prima y tocaba maracas y yo. El trío se llamaba los "Barraqueños". A la gente le gustaba mucho escucharnos. Esa guitarra existe todavía y un día le saqué unas décimas que espero que los que me han seguido hasta aquí, no tendrán reparo en leer.

A mi guitarra

Tú y yo si somos hermanos guitarra de porte fino
¿no recuerdas que en Sandino te construyeron mis manos?
Desafiando los villanos centinelas del penal
provienes de un ventanal que unas tablas le saqué
y luego las cepillé con un trozo de cristal.

Dos meses tardó la obra con todo mi tiempo en eso
aunque el tiempo para el preso es lo único que sobra.
Cada pieza forma cobra con mi paciencia y tesón
mis herramientas que son cristales y algunas lijas
y así construí clavijas, puente, brazo y diapasón.

194

No te quiero ni contar los miedos y angustias mías
cuando ya forma tenías pero aun sin terminar.
Todo era vigilar hasta concluir el arte
el final era pintarte con pintura dispareja
para que lucieras vieja y no pudieran llevarte.

Con esto se puede ver cómo sin ser carpintero
con paciencia y con esmero lo que un hombre puede hacer.
Terminé a más no poder con más de una cicatriz
viéndote dar el barniz fue feliz mi corazón
si es posible que en prisión pueda un hombre ser feliz.

Luego vino la otra parte la de aprender a tocar
te vieron descascarar de tanto yo manosearte.
Intentaste revelarte y entorpecerme el camino
pero yo que me empecino te pude al fin conquistar
hasta que te oí cantar y regalarme tu trino.

Después mi guitarra buena cuanto apoyo me brindaste
y como me acompañaste a terminar mi condena.
Me supiste cada pena como las sabía Dios
tu con cuerdas y yo con voz cantamos la rebeldía
hasta que al fin llegó el día que fuimos libres los dos.

En la calle ya pintada y con las cuerdas de estreno
te bebías el sereno que cae en la madrugada.
En más de una jornada salimos de trovadores
dando las notas mejores a la luz de las estrellas
para las muchachas bellas que andaban buscando amores.

En fin guitarra querida que te quiero y no te olvido
y pienso que siempre has sido como parte de mi vida.
Esto no es la despedida pero el hombre se derrumba
el final será la tumba cuando paren mis relojes
pero tú no te acongojes y sigue tocando rumbo.

He venido plasmando en estas páginas recuerdos de aconte-cimientos y anécdotas que enaltecen merecidamente la imagen del presidio y de muchos de los que contribuyeron a ello y me duele ahora tener que hablar de algo que la ensombrezca y dis-minuya, tanto así, que he dudado si debo hacerlo o no, pero sería faltar al propósito inicial de dejar escrito todo lo que viví, además, sé que si no lo hago muchos de los que lo vivieron conmigo, me lo van a cuestionar. Se trata de la muerte en San-dino, de Marrero por el "Japonés" Benjamín Tominaga.

Las reacciones humanas son muy complejas e impredeci-bles; nunca he podido explicarme por qué el "Japonés" mató a Marrero de esa forma. Fui el único testigo presencial de esa muerte y nunca le he encontrado explicación.

Conocí de cerca al "Japonés", trabajamos juntos de com-pañeros muchas veces cuando nos sacaban a guataquear en los campos de mango. Es cierto que era una persona callada e introvertida, pero nunca le noté que acumulara rencores ni frustraciones; en lo único que sí le vi resentimientos es por-que la novia que tenía no venía a visitarlo. Por lo demás, era un muchacho normal; practicaba artes marciales. Nunca había visto una persona con más elasticidad en las articulaciones que él; cogía un pedazo de madera de un pie de largo, lo sostenía por los extremos con las dos manos, lo llevaba a la altura del pecho y sin soltar las manos, lo pasaba por debajo de los pies a la espalda, la cabeza y lo traía nuevamente a la altura del pecho; y levantaba un pie más alto que la cabeza.

Días antes del problema se supo que el Japonés y Marrero se habían ido a las manos; se decía que el motivo fue porque Marrero tenía sembrada una mata de tomates en un rincón del patio que atendía con esmero y cuando el primer tomate estuvo en sazón, el Japonés lo arrancó. Marrero le reclamó y ahí se fueron a las manos. No presencié esta pelea, pero quienes la vieron, decían que el Japonés salió mal parado, porque Marrero sabía boxeo. Marrero era un hombre sencillo, que no se destacaba; ayudaba a su familia lavándole la ropa a los presos y los que sabían eso, lo admiraban.

Ese día me levanté temprano y le dije a Augusto, mi compañero de litera, que iba a lavar la ropa. Cuando llegué al baño ya estaba Marrero lavando, lo saludé y me di a mi faena.

Los baños eran una construcción rectangular, las duchas por un lado, los servicios por el otro y en el centro, sobre pedestales de bloque, unas bateas largas de fibrocemento para lavar; por encima de las bateas, pasaba un tubo de agua con dos llaves para cada una. Cogí la primera y Marrero estaba como en la tercera, pero de frente a mí y de espalda a los servicios. Cuando estaba lavando, llegó el Japonés silencioso, nos saludamos… ¡Hola Japón! le dije y él se me acercó misterioso, me tocó con el codo izquierdo y me preguntó: ¿tú conoces a ese tipo?, y señaló a Marrero con un gesto de la cara. —Enseguida me di cuenta que iba a haber problema porque sabía lo de la bronca por el tomate—, Le dije para tratar de disuadirlo: "chico, Japón, ese es un hombre bueno, un infeliz que lava ropa para mantener a su familia… no te metas en problemas hermano". Se quedó un rato callado, matando con el índice de la mano izquierda unas hormiguitas que corrían por el borde de la batea —la mano derecha metida en el bolsillo—. Se despegó de mi lento, dio vuelta a la batea y se dirigió a Marrero que no se había dado cuenta de su presencia. Pensé rápido: ¡No me voy a meter en esta bronca! En eso llegaba el Japonés a la espalda de Marrero, sacaba la mano derecha del bolsillo, y con ella un machete que tenía amarrado a la muñeca. Cuando vi aquello se me olvidó el propósito que me había hecho y corrí gritando: "¡tú estás loco Japonés!" Y en eso caía el primer machetazo sobre la cabeza de Marrero; por el apuro, no le di la vuelta a la batea, sino que le fui de frente, que era más cerca —supongo que eso me salvó, porque con lo encarnizado que estaba aquel hombre, es posible que me hubiese agredido a mí también—.

Cuando el machete penetró en el cráneo de Marrero, apoyó las manos en el fondo de la batea, emitió un gemido largo y cayó hacia adelante, el borde de la batea por debajo de los brazos y la cabeza colgando hacía el agua. Yo gritaba: "¡ya Japón, ya, no hagas eso chico" y empecé a tirarle agua con espuma de la batea con las dos manos, y el Japonés levantaba el machete otra vez y lo dejaba caer, siempre con las dos manos, sobre el cuerpo doblado de Marrero; y yo gritando y tirándole agua, y como estaba de frente al machete, éste, al subir y bajar me salpicaba de sangre y salpicaba el techo, donde se veía después una línea puntuada de manchitas rojas. No sé cuántos machetazos le dio en la cabeza y el hombro abriendo un surco ancho. (Dije al principio, que fui el único testigo de esto, pero hubo otra persona que presenció parte; en medio de la tragedia, vi como por la ventana horizontal que quedaba arriba de los servicios se lanzaba alguien de cabeza hacia afuera con los pantalones por las rodillas; nunca supe quien fue esa persona).

Finalmente el Japonés le dio un machetazo al tubo que pasaba por arriba de las bateas —hasta que nos fuimos de Sandino, estuvo la muesca allí— y salió hacia el patio… en ese momento sentí que caía el cuerpo de Marrero al piso. Yo lo seguí, lo agarraba por la mano izquierda y le decía: "¿por qué hiciste eso Japón?… te desgraciaste chico", y él se zafaba de mí y me decía: "para que aprenda a ser hombre". Caminó por el lado de la barraca cuatro, y yo penetré en la mía que era la cinco gritando y corriendo hasta que llegué a la puerta de enfrente donde estaba Alberto y lo halé por el brazo hacia los baños; ya la gente había reaccionado. Cuando llegamos, allí estaba el cuerpo tendido, al dar contra el piso, los sesos se salieron del cráneo y estaban regados.

Nunca en mi vida he pasado un momento más malo que aquel. Alberto me dijo: 'vamos para la barraca, tienes que quitarte la camisa y lavarte la cara que las tienes manchadas de sangre, para que no te vean así y puedas verte envuelto en problemas de servir de testigo y demás". Me lavé la cara, me cambié la camisa y me senté en la cama de Augusto tratando de dominar los nervios. En eso llegaba él, Augusto, corriendo a pesar de la cojera que tenía y se abalanzó sobre mí llorando… "mijo, yo creía que habías sido tú", me decía. Había oído la noticia en el patio, que corrió como pólvora, y como sabía que yo había ido a lavar, pensó que el Marrero que habían matado era a mí… y muchos más lo pensaron también, porque el otro Marrero no era muy conocido.

Dicen que cuando se separó de mí, el Japonés caminó todas las barracas, buscando a Elio Capestani para arreglarle cuentas —nunca supe por qué— y que le daba machetazos a las latas de basura que se encontraba a su paso.

Finalmente atravesó el patio y se paró en la esquina de una construcción que le decían las escuelitas, todavía con el machete atado a la muñeca. Ya la noticia había llegado a la dirección; entró el Ñato con varios guardias hacía los baños y un instructor político que se apellidaba Fundora, se enfrentó al Japonés apuntándole con la pistola hasta que lo hizo soltar el machete y lo llevó para la dirección.

El cuerpo de Marrero lo sacaron para el hospital. Después el Ñato andaba por todas las barracas preguntando si alguien había visto lo sucedido. Más tarde regresó diciendo que le iban a entregar el cadáver a la familia, que si alguien quería ir para que atestiguara que fue un problema entre presos… nadie quiso ir.

Por la tarde vimos como llegaba al hospital una carroza fúnebre para llevarse el cadáver. ¡Pobre Marrero y pobre su familia!

Nosotros todos en el patio silenciosos y tristes y yo muy afectado y nervioso todavía preguntándome qué perturbación habrá invadido la mente del Japonés para que hiciera aquello.

Vuelvo a decir que da dolor que aquello haya sucedido entre nosotros, pero baste aceptar que éramos seres humanos victimas de nuestras pasiones. Por lo demás, una mancha no puede opacar el brillo de la luz del sol.

Al día siguiente hicieron requisa —regularmente en Sandino hacían pocas,— ésta al saber que dentro del campamento había hasta machetes; fue larga y metódica, no sé qué habrán incautado, pero lo que sí sé es, que ese fue el último día de una figura con una larga y fructifica trayectoria en la historia del presidio: el radio de Vizcaíno.

Victorioso en todos los combates que libró en la Isla, vino

a morir allí mansamente. Parece que Vizcaíno no había podido encontrarle un refugio seguro como le tenía en la Isla, que lo escondía bajo un rodapié de la escalera que se podía mover y como la requisa fue tan sorpresiva, lo descubrieron. Fue una hazaña la de Vizcaíno el haber podido traer su esqueleto de radio desde la Isla…cada hueso debe haber venido por su parte. Lo cierto es que aquel radio significó mucho para nosotros porque fue nuestro único vínculo con el mundo libre por muchos años; el cordón umbilical que nos alimentaba; nuestra única ventana al mundo. Llegó a su fin pero cumplió su cometido y toda su gloria le pertenece a Vizcaíno.

Ahora ya los tiempos eran otros; habían pasado algunos años y todas aquellas ilusiones de canjes y milagros que nos mantenían pendientes del radio, habían quedado atrás. Se iba aceptando la realidad: que no nos quedaba otra que resignarnos a halar años. Por otra parte, ya no estábamos tan incomunicados; al campamento entraba el periódico que aunque comunista y parcializado, leyendo entre líneas e interpretando las noticias al revés, se llegaba a conclusiones y eso era algo. También estaba el radio del campamento que daba los noticieros. Por esa vía supimos lo de la muerte del Che Guevara en Bolivia. Cuando dieron esa noticia, se formó un alboroto; la gente lo comentaba en grupo y se podía ver por los gestos las manifestaciones de contento. Los guardias que andaban dando vueltas por las barracas, al ver la alegría de nosotros se enfurecían porque para ellos el Che era un héroe; no sabían que para nosotros no era más que un aventurero ambicioso y criminal que Fidel reclutó en México, al que nada teníamos que agradecerle porque todo lo que hizo en Cuba fue matar cubanos.

Otra cosa que hacía rabiar a los guardias era cuando en

las olimpiadas, jugaba el equipo de Cuba contra el de Estados Unidos o el de cualquier otro país. Todos salíamos al patio a escuchar el partido por la radio y cuando Cuba perdía, nosotros aplaudíamos. Ellos nos gritaban "Vende Patria" porque decían que el deporte no tenía nada que ver con la política; pero para nosotros sí tenía que ver, porque la representación cubana, con ser tan numerosa, con vestuarios ostentosos y con tan esmerada preparación física, salía a vender por el mundo la imagen de que Cuba era un paraíso, que la revolución había elevado el nivel de vida de los cubanos… y eso no era cierto. Los atletas de Cuba eran una casta privilegiada que gozaba de todos los beneficios y prebendas, en detrimento del pueblo que se consumía en las interminables colas buscando algo para llevar a la mesa. Los niños mimados de Fidel, que recibía orgulloso cuando le traían medallas, pero a los que trataba con desprecio cuando venían con las manos vacías.

Algún tiempo después de la muerte de Marrero, se ahorcó un muchacho en los baños: parece que fue por la madrugada porque cuando amaneció, ya estaba frío, se llamaba Luis Sánchez Corrales. Era una persona callada y solitaria, caminaba mucho por el patio y se le veía siempre pensativo. Es impresionante ver una persona ahorcada: tenía la cara negra y parte de la lengua afuera por un lado y no sé si sería por el tejido de la soga o porque estaba frente a la ventana por donde penetraba la brisa, pero aunque casi imperceptible, el cuerpo hacía un movimiento de rotación: como si le quedara un hálito de vida. Allí estuvo como hasta el medio día que vino el médico forense a levantar el cadáver. Bienvenido Puentes Muñoz se pasó la mañana dando carreritas de la barraca a los baños para verlo.

Se quedaba en un éxtasis contemplativo, las palmas de las manos juntas bajo la barbilla y nada más decía: "¡Qué muerte más bella!". Mucha gente pensó que Bienvenido se iba a ahorcar enseguida.

Parece increíble, con lo que se ama la vida y se lucha por ella, que una persona pueda llegar al extremo de ponerle fin voluntariamente. ¡Qué nubarrones de desesperanza habrán invadido su mente! Y lo fácil que un pedazo de soga y un banquito convirtieron a aquella figura familiar y querida que trillaba el patio, en aquel péndulo inerte.

Cuando llevábamos un año y pico en Sandino, se presentó un huracán. Las noticias que daba el radio eran confusas; no dejaba lugar a dudas que iba a pasar por allí; pero no se esperaba con mucha intensidad: parece que por eso no nos evacuaron.

Desde por la tarde vimos cómo reforzaban la vigilancia; los guardias, en vez de sobre las garitas, patrullaban caminando entre las dos cercas. Ya oscuro se empezaron a sentir ráfagas fuertes. El Ñato entró al campamento con un batallón de guardias y nos mandaron salir de las barracas y concéntranos en el comedor, que por ser una construcción de bloques, ofrecía mejor refugio; malamente cupimos todos con el Ñato y algunos guardias con nosotros y un cordón por fuera a la intemperie. Al poco rato acometió el huracán con todas sus fuerzas; aquello era atemorizante; el viento emitía un rugido sordo y cada vez que embestía, veíamos como el techo que era de fibrocemento se estremecía, se aplastaba y subía. Las ráfagas eran cada vez más violentas hasta que sentimos una explosión y vimos cómo volaba un pedazo de techo; el viento se metía entonces por la brecha y nos sacudía a nosotros, empujaba de abajo hacia arriba y se fue llevando pedazos de techo. Cuando amainó, solo quedaba una esquina del comedor con techo. Allí estuvimos toda la noche bajo el aguacero. Al amanecer ya había pasado todo, no llovía y solo quedaba una brisa intermitente. Cuando nos formaron en el patio para el recuento, pudimos ver cómo quedaron las barracas, la mayoría estaba sin techo y las garitas de vigilancia casi todas en el suelo.

En el recuento se disparó la alarma porque faltaban nueve que se habían fugado. El Ñato estaba dado al diablo, dando gritos y agresivo, así pasamos el día; por la tarde nos mandaron a recoger las pertenencias, llegaron unos camiones y abandonamos Sandino.

CAMPAMENTO CARIBE

De Sandino nos repartieron por las distintas prisiones de la provincia, que no habían sido dañadas por el huracán: yo caí en el campamento Caribe. Allí las condiciones de vida eran peores; las barracas tenían pared por un solo lado, todo lo demás al intemperie a merced del clima.

Los traslados siempre se sienten porque son un desarraigo; como cuando se trasplanta un árbol que los primeros días se agosta, hasta que se hace a la nueva tierra. Mi grupo quedó totalmente disuelto. Los muchachos del trío: Alberto, el Jimagua y Fernando no sé dónde fueron a parar; igual que otros amigos, que tantos había, que hacían la prisión llevadera; como el "Pecas" que era otro Mosquera: una fuente inagotable de creatividad para combatir el tedio. En Sandino la cogió con un chinito que llegó trasladado y le hizo la existencia un martirio; cada vez que iba a bañarse, allá iba el Pecas con exclamaciones y gestos femeniles y se ponía a contemplarlo desnudo; el chinito no sabía cómo ponerse... si de espaldas, le decía piropos y de frente, le miraba con suspiros la "miniatura"—porque el chinito le hacía honor a la fama que las mujeres le colgaron a los chinos en Cuba, de que la naturaleza fue mezquina con ellos a la hora de asignarles los atributos de varón— al final el chinito salía del baño y se vestía sin bañarse, y ya estaba que vigilaba los descuidos del Pecas para hacerlo.

Un día se paró Pecas en el patio, lejos, cosa que el chinito lo viera para que nosotros le avisáramos cuando saliera para el baño. Cuando el chinito estaba enjabonado se le apareció Pecas, se desnudó y se metió bajo la ducha con él. El chinito formó la gritería y decía: "Pica, tu son malicon li veldad, tu son malicon li veldad." Al final Pecas lo dejó tranquilo.

A otro que extrañé fue a Augusto Ibáñez, mi compañero de litera. Ese viejo se hacía querer. No hay cosa que impresione más positivamente que un viejo con espíritu joven, pronto a la risa, al chiste y la travesura. Ese era Augusto; y era un gran conversador; había llevado una vida bohemia, fue marino mercante y decía que había navegado los siete mares. De África trajo un mono que mantenía encerrado en una jaula grande en el patio y decía que cuando se emborrachaba, se metía en la jaula a jugar con él y el mono lo arañaba todo. Algunas veces se ponía triste y cuando le pregunté, me decía que era porque se daba cuenta lo viejo que estaba.

A los pocos días de estar en este campamento, llegó alguien trasladado desde la cárcel de Pinar del Río y dijo que habían llegado algunos de los que se fugaron de Sandino la noche del huracán: después supimos que al final los agarraron a todos. Han sido muy pocas las fugas que han tenido éxito durante el proceso de la revolución, si acaso alguna al principio, porque en eso el gobierno ha impuesto medidas de terror. A la persona convicta de haber auxiliado a un fugado lo esperaban diez o quince años de prisión y si era campesino, la expropiación de sus tierras. Eso hizo que la mayoría de la gente se aterrorizara de tal manera que no solo le negaban cualquier tipo de ayuda, sino que tan pronto desaparecía de su presencia corrían a delatarlo, porque si se comprobaba después que tan solo lo había visto, aunque no lo hubieran ayudado en nada, era condenado por encubrimiento bajo una ley que el gobierno denominada "Responsabilidad colectiva". Y ¿quién que se fuga no necesita de alguien que lo ayude, que le facilite ropas de civil, que le den alimento y proporcionen un lugar donde esconderse? El preso sabía de todas esas dificultades, pero eso no hacía que ni por un instante desechara de su mente la idea de la fuga; era una idea sombra y en algunos se convertía en obsesión.

Un día llegó un guardia con unos papeles a la puerta y me llamaron. Cuando me presenté, me dijo que me vistiera que iba para La Habana; le pregunté que si era trasladado para recoger mis pertenencias pero me dijo que no y se retiró. Regresé para la barraca a vestirme en un puro nervio. Hacía tiempo que no tenía visitas, por lo del huracán y por lo del traslado, pero había recibido un telegrama de la familia donde me decían que a papá lo iban a operar de un riñón. Cuando me llamaron pensé lo peor, porque siempre que sacaban a alguien por un problema familiar era para velorio. Al poco rato vino un guardia a buscarme; mis amigos me despidieron casi dándome el pésame.

En el trayecto largo que hicimos caminando desde el campamento hasta la carretera donde se cogía el autobús, le pregunté al guardia si sabía qué había sucedido, me dijo que no sabía nada solo que tenía que llevarme a una dirección y me mostró el papel; decía: Quinta Dependientes, pabellón tal. Entonces asumí que papá no había muerto sino que estaba ingresado.

El guardia era un muchacho joven y llevaba una metralleta colgada al hombro pero apuntando hacia adelante. Se le veía un poco tenso, le dije: "Mire cabo, usted me está llevando a ver a mi padre enfermo, sé que soy su responsabilidad, pero por nada de la vida sería capaz de hacer algo que lo pueda perjudicar; aparte que sería estúpido intentar fugarme cuando solo me queda un año por cumplir… tenga confianza en mí". El guardia se distendió, se colocó la metralleta a la espalda y me preguntó si sabía llegar a ese lugar; cuando le dije que sí me dijo: "Cogemos el autobús hasta La Habana y allí yo te sigo" y agregó: "cuando lleguemos a la parada, seguro va a haber mucha gente esperando; en el primero que llegue, te montas como puedas que yo monto". Efectivamente, cuando llegamos a la parada había una multitud esperando. La gente nos miraba, aunque en Cuba era bastante común ver a un guardia custodiando a un preso. Cuando llegó el autobús me abalancé hacia la puerta en embestida, empujando gente y subí; se llenó hasta el tope y partió. Miré y no vi al guardia por ningún lado, entonces me preocupé y pensé que cómo iba a seguir solo para La Habana sin custodia; pensarían que me había fugado. Decidí bajarme y regresar a la parada y en eso vi al guardia que me hacía señas con la gorra desde el hueco de la puerta delantera.

El autobús nos dejó en "La Esquina de Tejas", lugar del que guardaba muchos recuerdos, pero no estaba para nostalgias en ese momento con lo preocupado que venía.

Caminamos hasta la "Quinta Dependientes" que estaba cerca. Pasada la puerta principal, encontré a un primo que venía a visitar a papá. ¡Qué alegría me dio verlo! ¡Qué lugar tan especial ocupan siempre en el corazón esos seres con quienes se compartió la primera infancia! Él nos llevó a la habitación que ocupaba papá: allí estaba mi viejo entre sueros y mangueras pero consiente, me reconoció y aunque no podía hablar, me expresaba su alegría con los ojos. Mi familia era numerosa y muy unida; gente que lo pensaba dos veces si tenía que alejarse de su campo y su rutina, pero tratándose de enfermos que corrieran peligro, se hacían presente. El cuarto estaba lleno y muchos por el pasillo. Me miraban con lástima, no estaban acostumbrados a ver a uno de los suyos en desventura, con aquellas señales de sufrimiento, tan flaco, vestido de azul y custodiado por un guardia con una metralleta. Enseguida le buscaron asiento al guardia y le brindaron algo de comer, para que no se sintiera entre gente hostil y poder ellos conversar conmigo. Como a las dos horas el guardia dijo que teníamos que ponernos en marcha pero mis primos ya habían planeado mi regreso: habían colectado cupones de gasolina y le dijeron que ellos nos llevaban por lo que pude estar allí un tiempo más.

Como a las tres de la madrugada llegamos al campamento. En los días sucesivos, siempre que al guardia le tocaba hacer posta en las garitas que daban al patio, se le veía buscándome para saludarme.

Este permiso para ir al hospital para ver a papá lo logró mi familia a través del médico que lo operó: el Dr. Miguel de la Cruz. Él era un jerarca del partido en el hospital e hizo valer su influencia ante el Ministerio de Orden Interior para que lo autorizara; no sé si por humanidad, porque se encariñó con mi familia, o porque como papá llegó a estar muy grave y lo sentía su responsabilidad, quiso tener ese gesto. La actitud que aquel médico me produjo desconcierto y se me quedó gravada para toda la vida. Después llegué a conocerlo bien porque cuando salí de la prisión, tuve también que pasar por su quirófano para someterme a la misma operación de papá: parece que era una condición genética en nosotros los cálculos renales. Me quedé pasmado al siguiente día de operación cuando vino a pasar visita y me di cuenta que bajo la bata de médico, vestía ropa de miliciano; yo que venía de la prisión que el color verde olivo me hería la vista; después lo pude ver sin la bata; le gustaba deambular por el hospital en uniforme de miliciano, con botas altas, pantalón bombacho y la boina de medio lado y supe, porque él se ufanaba de ello, que hasta participaba los domingos en trabajos voluntarios cortando cañas. ¿Cómo era posible, me preguntaba yo, que aquel hombre tan culto, cirujano eminente, profesor universitario y tan amante de su profesión, porque puedo decir que se desvivía por sus enfermos; a cualquier hora se le veía pasando visitas y se decía que luchaba a brazo partido por salvar una vida, fuera tan ciegamente fanático de un sistema para el cual la vida de un ser humano tenía tan poco valor? Es difícil pensar que fuera por inocencia o ignorancia. Y tan grande era su fanatismo, que para demostrar su adhesión no se conformaba con hacer algún trabajo voluntario en algo inherente a su profesión, si no que tenía que ser en el más duro, cortando cañas, donde él sabía que se le estropeaban las manos y se le agarrotaban los dedos, esos dedos que debía cuidar estuvieran siempre finos y sensibles para hurgar en las entrañas humanas.

Uno no le encuentra explicación a esas contradicciones en las actitudes de algunos individuos. Será que a veces la naturaleza comete sus errores y crea estos fenómenos en donde brilla la inteligencia, pero con una personalidad enferma, llena de trastornos y frustraciones.

En el Caribe estaba conmigo Nono Cosio, otro de mi pueblo que también tenía obsesión con la fuga: ya había hecho algunos intentos. Un día me dijo que planeaba fugarse, que necesitaba ayuda. El plan consistía en meterse en uno de los tanques de la basura. Al campamento, cada dos o tres días, entraba un viejo con un carretón tirado por bueyes a sacar la basura. El viejo era un preso que dormía fuera del campamento y por el día trabajaba un pedazo de tierra que había cerca de la dirección donde cosechaba hortalizas. Desde por la mañana se le oía peleando con los bueyes. Yo personalmente le tenía mala voluntad porque era muy abusador con los animales: un par de bueyes que se les podían contar las costillas de lo flacos que estaban. Un día, cuando entró a sacar la basura vi que le pegaba con el palo al buey; me le acerqué y le dije: "al que hay que darle cuatro palos es a ti ¡viejo abusador!". Se me quedó mirando con la boca abierta; creo que no entendió. Estaba más embrutecido que los animales… El preso no soporta el abuso, por tanto que lo ha sufrido en sus propias carnes.

Nono había confeccionado una muda de ropa de civil. Al pantalón azul lo había cocido al revés, que se convertía en un mezclilla blancuzco que se usaba en la calle, y con una sábana había hecho una camisa. La ayuda que necesitaba era que nosotros montáramos el tanque donde iría él metido, cosa que el viejo no se diera cuenta lo que pesaba. —Eso no era problema porque mucha gente ayudaba al viejo con los tanques— y que estuviéramos pendientes hasta que el carretón saliera, porque muchas veces el guardia de la puerta subía y con un palo que tenía una cabilla con punta en un extremo, pinchaba la basura. Nono escogió el día que estaba de guardia un gordo que muchas veces no subía al carretón. Cuando entró el viejo, le pregunté a Nono qué pensaba hacer con él cuando llegara al basurero. No te preocupes que yo me encargó, me dijo; pensé que lo ataría al carretón con la soga de los bueyes para poder coger ventaja.

En el baño vaciamos el tanque, Nono puso la ropa en el fondo, se metió hecho un ovillo y le echamos los papales encima. (El tanque era de cincuenta y cinco galones que con lo flaco que estábamos cualquiera cabía en él).

Cuando llegó el carretón, lo montamos sin despertar en el viejo la más mínima sospecha y fuimos y nos paramos cerca de la salida para si pinchaban, gritarle a Nono. Cuando llegó el carretón a la puerta, se subió el gordo pincho en mano; nosotros expectantes, todavía sin gritar porque había veces que pinchaba solo un tanque; pero cuando vimos que levantó el brazo para pinchar el de Nono formamos la gritería. Nono se levantó como un resorte haciendo volar los papeles y el guardia pasó un susto que se le cayó el palo de la mano. Enseguida corrieron guardias de la dirección para llevarse a Nono y nosotros corrimos a escondernos en las barracas para que no nos castigaran por cómplices. A Nono se lo llevaron para la cárcel de Pinar del Río.

Por los primeros días de noviembre del sesenta y nueve, entró un guardia al campamento y dijo en todas las barracas que recogiéramos las pertenencias que íbamos a ser trasladados.

Otro nuevo traslado. La estancia en este campamento no fue muy larga, pero sí aburrida y penosa. Allí nos tocó sufrir un invierno como para no olvidarlo jamás. Ya dije al principio que vivíamos casi al intemperie; las barracas tenían solo techo y una sola pared y nosotros no teníamos casi nada para abrigarnos. Recuerdo que a veces el frío era tan intenso que las moscas se congelaban. Esto parecerá una exageración, pero es cierto. Nosotros amarrábamos unos pedazos de soga de las vigas del techo que colgaban y servían para ayudarse a subir a la litera de arriba. Por las noches se cubrían de moscas que se posaban allí para dormir y la noche que hacía mucho frío, cuando uno se levantaba por la mañana, le daba un golpecito a la soga y las moscas caían todas al piso porque estaban ateridas y no podían volar.

Otro recuerdo que me dejó aquel campamento fue el llanto de un niño. Como a doscientos metros de la prisión había un caserío donde vivían con la familia los guardias que nos custodiaban. Ésta era una práctica común en casi todas las prisiones comunistas. En Isla de Pinos también había uno que los presos bautizamos como "Moscú" y recuerdo que cuando nos mataban a alguien, cuando al día siguiente pasábamos por allí en los camiones rumbo al trabajo, uno miraba aquellas casas y aquellas familias como un nido de víboras, y les deseaba lo peor porque las sabía parte de aquellos asesinos. En la cabaña, cada vez que fusilaban, se escuchaba la algarabía y las consignas de "paredón" de los familiares de los guardias que vivían allí y venían a presenciar el fusilamiento, por eso uno sentía ese odio visceral hacia ellos y hacia todo lo que oliera a comunismo, y se juraba que, llegada la hora cero, iba a salir de allí en zafarrancho de combate, buscando y matando comunistas hasta en los vientres.

Hoy uno se espanta al recordar que esos malos pensamientos le han pasado por la mente, porque ya todo ha ido quedando atrás y el odio no es un sentimiento natural y espontaneo como el amor; el odio tiene que haber algo que lo exacerbe para que se mantenga vivo, de lo contrario se va apagando.

Para entonces, al menos allí en aquel campamento, las cosas habían cambiado: hubo como un paréntesis. Aquellos no eran los mismo guardias que nos obligaron a trabajar, nos dieron golpes, y asesinaron a muchos de nuestros compañeros; su función era solo evitar que alguien se fugara, por lo demás no se metían con nosotros, por tanto uno no sentía ese odio feroz contra ellos, aunque perduraba el odio al sistema. Yo personalmente tuve una experiencia con el que me custodió al hospital a ver a mi padre enfermo. Hablé bastante con él y pude percatarme que era un muchacho normal, sin resentimientos, rencores ni fanatismo político. Ya he dicho que cuando le tocaba la guardia en las garitas que daban al patio me saludaba a hurtadillas, por eso ya no veía en las casas de ellos aquel nido de víboras que veía antes; más bien era una visión que me conmovía. Aquellas casas eran hogares que encarnaban paz y felicidad familiar, algo que tanto añora el preso. Me gustaba contemplar desde lejos el trajín de la familia: ver a la mujer cuando salía al patio a tender la ropa y al hombre cuando llegaba y le salían al encuentro el montón de niños. Y el recuerdo que se me quedó grabado fue el de un niñito que lloraba mucho. Se escuchaba a lo lejos, regularmente en el silencio del atardecer. Me estremecía y me arrullaba el alma aquel llanto que sabía no era por maltrato o castigo, si no porque ese es el primer lenguaje de los niños. Me abría las puertas a la esperanza y me hacia concebir ilusiones, uno que vivía sin futuro, medio muerto por dentro, porque de tanto presenciar y afrontar la muerte, viene el momento en que se la llega a tener por segura. El preso se vuelve fatalista. Le da por pensar que todo sucede por ineludible predeterminación o destino, y que ya no le va ser dado volver a vivir una vida normal. Cuando me invadía ese estado de ánimo, siempre me acosaba la misma pregunta: ¿Sera posible Dios que yo me valla de este mundo sin haber podido tener hijos? Porque aparte que me atraían tanto los niños, siempre pensé que es esa la principal misión del ser humano, tener hijos, para perpetuar la especie y para no morir con la tristeza de que partiste sin dejar algo patente de ti. Y el llanto de aquel niñito me sacaba de la pesadumbre, me borraba esos malos pensamientos y me daba la certeza de que sí, que llegaría el día que sería otra vez libre y podría tener hijos para oírlos llorar como lloraba aquel.

Como ya dije, íbamos a ser trasladados. Durante el transcurso de todo el año, las noticias y consignas del gobierno se centraban en las zafra del setenta donde se aseguraba se alcanzaría la cifra record de diez millones de toneladas de azúcar: esa era la demencia del momento de Fidel. Nosotros pensábamos que nos trasladaban para participar en ella.

Llegaron varios autobuses y un camión cerrado, nos hicieron formar de uno en fondo en la puerta del campamento, situaban un autobús y nosotros lo íbamos abordando hasta que se llenaba y así sucesivamente. Partió la caravana. Cuando llevábamos como una hora de viaje se detuvo, subió un guardia al autobús en que yo viajaba y dijo que en el camión cerrado había un recluso que se sentía muy enfermo, que si alguien quería cambiar con él. Se hizo un silencio. No hay que ser muy inteligente para saber que no es lo mismo viajar en un autobús, donde se puede mirar por la ventanilla y respirar aire puro, que en un camión cerrado, pero hay que experimentarlo para saber cuán grande es la diferencia. Cuando ya el guardia se retiraba me levanté; claro que pensaba en el compañero enfermo, pero también para demostrarle que entre nosotros no se había perdido todavía el compañerismo ni el espíritu de solidaridad. Caminé con el guardia hacia el camión, bajó el enfermo que conocía solamente de vista en el campamento (me pareció que se veía mal) me metí en la oscuridad del camión y a tientas ocupé su asiento. Había calor y mucho olor a vomito. Nos pusimos en marcha. No habían pasado quince minutos cuando empecé a sentir mareos y ganas de vomitar. Me concentré en mis manos agarradas al respaldo del asiento delantero, en mis pies sobre el piso y mi cuerpo sobre el asiento tratando de encontrar estabilidad… como alguien que sale de pesca y cuando se empieza a marear, fija la vista en un edificio de la costa buscando un punto de referencia firme; pero no hubo manera. Llegó el momento que no sabía si el camión se movía hacia delante o hacia atrás y me parecía que iba con la cabeza hacia abajo. Empecé a vomitar con unas arcadas ruidosas que hacían vomitar a los demás; vomité lo que tenía en el estómago y lo que no tenía. —Siempre fui muy propenso a marearme—; recuerdo que cuando las fiestas patronales de mi pueblo que traían carruseles, nunca podía montar la silla voladora porque me hacía vomitar. Cuando llegamos, que no sé cuán largo fue aquel viaje pero que me pareció infinito, me sacaron cargado y me llevaron directo para la enfermería. Tuvieron que ponerme sueros porque estaba deshidratado y los mareos me duraron como dos días. Lo que más me dolió fue el sacrificio en vano, porque aquel que rescaté nunca vino preocupándose por mí ni a darme las gracias. (Éste es el pago que reciben siempre todos los redentores). Después oí que decía que había fingido la crisis para que lo sacaran del camión… le cogí mala voluntad para toda la vida.

En este campamento estuvimos sólo una semana; un día llegaron varios autobuses y nos hicieron abordarlos para un nuevo traslado. (Menos mal que no había ningún camión cerrado porque si me hubiese tocado uno, creo que me hubiera dejado matar antes de montarlo). Allí vimos que había varias cajas con machetes para cortar caña, pero parece que Fidel ya estaba aleccionado por lo que le sucedió en Canadá con los barcos cargados de cítricos y decidió no poner a los presos políticos a trabajar en la zafra de los diez millones, no le fueran a sacar eso en cara después y le estropearan el triunfo.

ALONSO ROJAS

Llegamos a un campamento que se llamaba Alonso Rojas en el municipio Consolación del Sur. Tenía las mismas características de Sandino y estaba ubicado en una zona arrocera (desde el campamento se veían las torvas donde almacenaban el arroz). Era un terreno bajo y pantanoso: aquello era el reinado de los mosquitos porque cuando oscurecía formaban nubes. En este campamento arrastré los diez meses que me faltaban por cumplir; sólo diré que fueron largos, hambrientos, aburridos y sofocantes, envueltos en la humedad de aquellos pantanos, y las noches infinitas porque cuando oscurecía, había que cobijarse bajo el mosquitero porque el enjambre de mosquitos era tal que cuando uno hablaba se le metían en la boca (se decía que allí los mosquitos habían matado vacas; esto me pareció exagerado, pero de lo que sí estoy seguro, que un ser humano desprotegido duraba poco tiempo).

Al fin llegó el primero de septiembre; me faltaban sólo veinte días para la libertad ¡Qué día más significativo en mi vida ese veinte de septiembre! Me levanté dejando que mi mente disfrutara en ir restando horas y días a la condena, algo que nunca me permití cuando se trataba de años y meses porque era una tortura. Ese día me impuse el sacrificio de dejar de fumar hasta el día que cumpliera, ésta vez solo para ejercitar la voluntad porque ya lo había hecho en dos ocasiones, pero siempre por un motivo. La primera fue en Sandino; cuando aquello fumaba mucho tabaco porque había una bodeguita que algunas tardes vendía y me fumaba no sé cuántos al día. En una ocasión llegó Rubén Marrero a mi litera a saludarme; estaba acostado leyendo y cuando me habló, que me volteé para contestarle, mi cara quedó frente a la de él porque mi cama era la de arriba; cuando hablé, que le solté el ventarrón de aliento, hizo una arcada como para vomitar, se puso la mano en la boca y al poco rato me dijo: "¡Oiga primo, que clase de peste tiene usted en esa boca!.." pasé tanta pena que dejé de fumar por seis meses. La otra fue en el Campamento Caribe. Ya dije que allí se vivía casi a la intemperie. Una noche que había mucho frío, sentí que alguien se acostaba en la cama de abajo (a veces llegaba gente por la madrugada). Yo estaba tapado cabeza y todo. Por aquellos días tenía constipado y un silbido en el pecho que no me dejaban dormir; sabía que era por el cigarro. Cuando amaneció, que nos levantamos y el hombre que había llegado me vio la cara me dijo: "¡muchacho!, yo creía que eras un anciano, no me has dejado dormir; si no dejas de fumar vas a coger una bronconeumonía que no te salva ni el médico chino…" aquello me dio fuerzas para dejar de fumar por otros meses. (El fumador que deja de fumar en presidio está haciendo una proeza, porque el cigarro llega a ser en su vida su única arma para luchar contra el aburrimiento, el hambre y los nervios).

Todos mis amigos más allegados sabían que cumplía el día veinte; tampoco era una voz que corriera por el patio. Creo que era una costumbre que venía de los presidios comunes donde el preso no decía que cumplía hasta el día que se iba por temor a que le hicieran algo. Entre nosotros no era por eso, creo que se hacía por no poner en guardia los comunistas y que inventaran algo para negarte la salida, aunque por aquella época, no se había sabido de ningún caso que el preso cumpliera y no lo liberaran, como sucedió después, que hubo a quienes los mantuvieron años después de cumplir; decían que por la conducta.

Mi familia a través de un pariente comunista había averiguado en el Ministerio de Orden Interior y le dijeron que sí, que me liberaban en septiembre. Le había dicho a mi cuñado que el día que vinieran a buscarme trajeran una muda de civil, cigarros y si era posible, alguna cervecita fría que hacia nueve años que no la veía ni en fotografía.

Mis amigos del campamento se disputaban mis pertenencias, menos la guitarra, ya lo tenía todo regalado: cama, colchoneta, sabana, almohada, mosquitero, plato, cuchara, ropa, algún libro, chancletas, en fin, solo me llevaba el cuerpo. Al fin le arrebaté al calendario el dichoso día veinte; casi no dormí esa noche. Cuando amaneció, ya vi el *"pisicorre"* de mi casa entre la neblina. Después del desayuno, me presenté al guardia de la puerta de entrada y le dije que tenía que ir a la dirección. Me preguntó para qué y le dije: "cumplo hoy". Lo tomó como una razón de peso y llamó a otro para que me llevara. Cuando me presenté al oficial detrás del buró, saludé y cuando me preguntó qué deseaba, le dije que cumplía. El hombre me miró asombrado, se puso de pie y me dijo: "que yo sepa, hoy no hay libertad para ningún recluso". Me quedé frío. "Sí oficial le dije, busque los papeles para que usted vea". Me preguntó el nombre y se enfrascó en el archivo. Al fin encontró el expediente, lo hojeó y me dijo: "pero usted cumple el día veinticinco". "Cómo va a ser oficial si caí preso el día veinte…" "pero apareces fichado el veinticinco". Entonces recordé que cuando me llevaron para San Severino, no me hicieron ficha, solo me tomaron el nombre; la ficha fue el veinticinco en el G2 de la

Habana. Me quedé perplejo; "retírese y venga el veinticinco", dijo el oficial. Esto me hizo despertar y me dio aliento; cuando me retiraba me volví y le dije que si podía hacerme el favor de explicarle a mi familia que estaba afuera.

Desde que entré al campamento, los muchachos se dieron cuenta que algo sucedía… me rodearon todos y les expliqué. Ellos me dieron animo que lo necesitaba y cogieron la cosa para juego "¿Qué son cinco diítas más de vacaciones?" me decían. Estaba derrumbado pero recordaba las palabras del oficial: "¡Retírese y venga el veinticinco!" Les pedí que me devolvieran lo indispensable, mosquitero, sábana, plato, cuchara y me preparé para el último empujón. Al fin llegó el veinticinco. (Creo que esos fueron los cinco días que me parecieron más largos en toda mi prisión). Cuando amaneció, ya mi familia estaba allí otra vez. Me presenté en la puerta y me llevaron para la dirección. Cuando entré, ya estaba mi expediente sobre la mesa y la carta de libertad firmada por el director. "No puede regresar más al campamento", dijo el oficial. Le dije que solo quería llevarme la guitarra, entonces mandó a un guardia para que la trajera. Fueron donde estaba mi familia y trajeron la muda de civil; me cambié en un baño y un guardia me condujo fuera del campamento.

Cuando me dejó sólo, creo que estaba temblando, y miraba hacia abajo, para mi ropa de civil. Vinieron mi cuñado y mi primo y los abracé, entonces miré hacia el campamento y estaban todos pegados a la cerca diciéndome adiós ¡qué dolor me daba voltear las espaldas y dejarlos!; era un sentimiento parecido al que sentí después con mi familia, cuando abandoné el país definitivamente. Me sentía como culpable al estar disfrutando de algo que ellos no podían —saciar esa sed dulce de libertad—

después de haber estado tantos años compartiendo los tragos amargos a partes iguales. Además me dolía el saber que les estaba hurgando en la llaga, porque cuando más patente se hace en el preso la falta de libertad, es cuando ve que alguien la alcanza. Es ése uno de los momentos en que son pocos los seres humanos que no se sientan mordidos por ese bajo sentimiento que se llama envidia. Me paré de frente, abrí los brazos y los cerré como dejando un abrazo grande para todos… monté en el carro y partimos.

Mi cuñado y mi primo estaban alborozados, abrieron la cajetilla de cigarros y me dieron uno encendido y una cerveza fría: ya no recordaba ni el sabor que tenía. Había pensado muchas veces en aquel momento y me había hecho propósitos que quería realizar. Cuando nos alejamos del campamento, que se ofrecía a la vista una carretera larga y recta, les pedí que nos detuviéramos, cogí cigarros y fósforos, bajé del carro y les dije que se mantuvieran allí hasta tanto les hiciera señas. Eché a andar por la orilla de la carretera solitaria y caminé lejos, creo que como una milla. Ellos pensarían que estaba medio loco, pero todo lo que quería era estar sólo, lejos del género humano, no ver ni oír a nadie a mí alrededor, sólo en medio de aquel campo para poder convencerme que era verdad que estaba libre… soledad y silencio eran para mí sinónimos de libertad.

Me fumé un cigarro dejándome invadir por aquella quietud, rota solamente por el trino de algún pájaro.

Al rato les hice señas que se acercaran; monté y continuamos viaje; ellos en silencio dando tiempo a que me repusiera del embate de tantas emociones. Ya más sosegado iniciamos la charla. Les dije que en el trayecto del viaje quería cumplir dos deseos: el primero, pasar a lo largo de todo El Malecón y el segundo, bajarnos en La Habana a saludar a la mamá de Antonio Domínguez, a quien le había hecho esa promesa.

Ver el muro del Malecón me trajo un tumulto de emociones y recuerdos; aparte que siempre me impresionó su majestuosidad, era una parte de La Habana muy ligada a los tiempos que fui feliz; se mantenía incólume, ajeno al paso de los años y al embate de las olas.

Nos detuvimos en la calle Egido, entre Monte y Corrales donde vivía la mamá de Domínguez, frente a dos cines que había frecuentado mucho: El Esmeralda y El Universal.

Cuando puse los pies sobre la acera me sentí pequeño o aplastado; parece que como la vista estaba acostumbrada a la vasta llanura de aquellos arrozales, el contraste con los edificios altos me producía esa sensación.

La visita a la mamá de Domínguez me ensombreció el día; le tenía mucho cariño porque infinidad de veces fue con mamá a la visita cuando Domínguez y yo la cogíamos juntos. Estaba en cama y lloraba inconsolable la ausencia del hijo: ejemplo conmovedor de tantos miles de madres cubanas.

Continuamos viaje hacia el Cotorro donde vivía mi hermana; desde que avistamos la casa, vimos el grupo fuera: la impaciencia los había sacado al portal. El encuentro con mi familia fue conmovedor, lloré abrazado con mamá y papá que los encontré viejos y gastados y había muchas amistades y vecinos de mi hermana que me abrazaban como familia porque me tenían cariño de tanto oír hablar de mí. Al poco rato mi hermana sirvió la comida; habíamos comido chucherías en el viaje pero estábamos hambrientos. Verme ante la mesa me parecía un sueño, ante aquella cantidad de comida y con aquel olor. No sabía por dónde comenzar, pedí una cuchara porque ya no sabía comer con tenedor (un tenedor en presidio lo tenían como un arma). Por otra parte me sentía incómodo con el plato sobre la mesa, acostumbrado como estaba a comer siempre con él en la mano. Mi pobre vieja solícita parada al lado mío echándome exquisiteces en el plato; total que me llené enseguida... tantos años comiendo tan poquito me habían reducido tanto el estómago que me llenaba con nada.

Después del café conversamos largo rato; nada de política ni de la prisión: eso era tabú. Antes de emprender el viaje para la finca, mi hermana me dijo que tenía el baño preparado y me acompaño a él.

Para una persona que viva en circunstancias normales, el encerrarse en el baño y tomar una ducha es algo que se hace todos los días y que no se le da importancia; pero para quien el bañarse había sido por años una odisea: desde pasar varios días sin poder hacerlo o disponer solo de unos jarritos de agua, o tener que bañarse en grupo, a la intemperie, en tiempo de frío con agua de tanque casi congelada como nos sucedía en La Isla de Pinos, cuando llegábamos tarde del campo y las duchas estaban cerradas; el verse de pronto, sólo, en la intimidad de un baño, bajo una ducha con agua abundante y tibia, era algo inconcebible que hacía sentir un goce inefable al que a uno le parecía que no tenía derecho. En el baño de mi hermana pensé dolorosamente cuántos pequeños valores nos regala la vida todos los días que no sabemos aquilatar.

En el viaje desde la casa de mi hermana para la nuestra hablé mucho con mis viejos, allí sí podía desahogarme, sólo con ellos y con mi primo que manejaba, que había estado preso en la UMAP. Les dije de los sufrimientos y las condiciones infrahumanas que vivíamos en presidio, hacinados, hambrientos y maltratados, todo por el "hijo de puta" de Fidel (mamá me mandaba a callar) que tenía las cárceles llenas para implantar el terror, igual que hicieron en Rusia; con muchachos jóvenes, la mayoría sin delitos graves, solo por desafectos, condenados como yo, por "convicción", como decían; les dije del dolor que todavía traía en el alma al despedirme de ellos viéndolos apiñados en la cerca, que vistos desde afuera es como más dolía. Papá intervino y me pidió que no hablara más de eso y comenzó a hablar de la finca y de sus planes de que me quedara ayudándolo, porque ya mi trabajo lo había perdido. Mamá hablaba de sus temores de que me volvieran a coger preso.

Cuando íbamos llegando al pueblo, no tomamos el camino a la finca, sino que seguimos porque quería saludar a mi tía que era como mi segunda madre y a mis primas; entrando vimos que estaba a oscuras —ese era el primer apagón que veía—. Frente a la casa de mi tía había una multitud esperándome; tal vez algunos por curiosidad, pero la mayoría porque me quería, en definitiva, allí nací y me crié y no le había hecho daño a nadie. A la luz de faroles y linternas saludé a la familia y a todo el que pude; hasta alguno de los milicianos, entre ellos el que tomó parte en mi detención, vinieron cínicamente a saludarme.

Al fin salimos para la finca; por el camino recordé los incidentes de aquella noche que me llevaron preso. Cuando entramos por el terraplensito que conducía a la casa, hablé de mi perro Canelo, que siempre salía a recibirme. Papá me dijo que murió viejo y ciego. Entramos a la casa; todas eran emociones y todo me daba tristeza. En la pared de la sala vi el retrato de mi hermanito muerto, el que se llevó para siempre la sonrisa de mamá, con su búcaro lleno de rosas que ella le mantenía frescas de un rosal que cultivaba solo para él. Mamá trajo una bandeja con dulces caseros que me tenía guardados, que sabía me gustaban tanto —quería engordarme en un día—. Después conversamos un rato más hasta que les dije que era tarde, que nos fuésemos a descansar. Esa noche dormí poco y mal porque no me adaptaba a mi cama que era blanda; de aquellas de bastidor de alambre, que como quiera que uno se acostara iba a parar al centro. —Fueron muchas las noches durmiendo en el piso o sobre las duras tablas de la litera—. Oscuro todavía me levanté sigiloso y caminé hasta el pozo que estaba en una esquina del patio y trepé al brocal. En la infinidad de veces que había pensado en aquel momento, siempre lo imaginé así: esperando el amanecer desde allí; contemplando en la oscuridad los contornos de mi casa y del patio que me vio crecer; Los gallos cantaban como si estuvieran dándome la bienvenida con su canto sonoro y familiar. Con los claros del día empecé a distinguir el paisaje; todo había cambiado. Me asombró aquella palma tan alta y con racimos cerca del pozo, entonces la recordé cuando era pequeñita. La mata de mangos y otros árboles que rodeaban la casa estaban inmensos y deshojados y una mata de buganvilia que trepaba por las columnas del tanque de agua que siempre estaba florecida, ya no estaba allí. El tiempo había dejado su huella también en la naturaleza, NUEVE AÑOS CINCO DÍAS habían cambiado el paisaje, lo hacían como más viejo… y más triste: como me sentía yo.

EPÍLOGO

Han pasado muchos años desde entonces. Aquel amanecer traía un cambio grande a mi vida, veía nacer el día como lo regala Dios, desde un horizonte abierto, no a través de alambradas y rejas: aunque tenía plena conciencia que ni aun así podía considerarme un hombre totalmente libre. —Libertad es la facultad natural que se tiene, en una nación bien gobernada, de obrar de una manera u otra y de decir cuánto no se oponga a las leyes ni a las buenas costumbres. Y yo vivía en una nación que no era bien gobernada.

Los primeros tiempos fueron difíciles, porque uno salía de la prisión con daños físicos y en el alma y porque llegaba a la calle como perdedor, a sufrir la prepotencia y el acoso de los que ostentaban el poder. No había noche que llegara a mi casa, no importaba la hora, que no estuvieran los milicianos al asecho vigilando mi llegada. Cada amigo que me visitaba, tenía el comité de enfrente que saber quién era y anotar la chapa si venía en carro. Por cada evento internacional o visita de figuras políticas prominentes a La Habana, me citaba la policía para hacerme advertencias y delimitar mi espacio. En cada farsa electoral que montaban, a mis padres les enviaban la citación para que concurriesen a votar, a mí no, cosa que agradecía, pero que a la vez me hacía saber que no tenía los mismos derechos civiles y políticos que los demás ciudadanos y es muy amargo sentirse aislado en su propia patria.

Todo esto lo tuvimos que sufrir los presos después que salimos de la prisión, pero la vida se impone y se abre paso. Mi prisión fue corta en comparación con la que sufrieron otros que cumplieron veinte y algunos casi treinta años donde consumieron toda su juventud. A mí me quedaba parte de ella y con lo que me quedaba, pude realizar y canalizar mi vida. Me casé y formé una familia. Durante un tiempo fue feliz, sin más aspiraciones que me dejaran tranquilo vegetando en mi campo, escondiendo la cabeza a los problemas políticos y viendo crecer mis hijos que les llenaban de felicidad la vida a mis padres. Pero empezó el mayor a asistir a la escuela y un día ya lo vi vestido de pionero y con seis años que tenía, me lo llevaron quince días para una escuela en el campo donde apenas pude verlo fugazmente una vez, porque el propósito era justamente que fueran aprendiendo a vivir lejos de la influencia de los padres. Aunque esta era una práctica común en las escuelas, pasar por la experiencia me hizo sufrir y enfocarme en el futuro de mis hijos. Ya no me fueron indiferentes las pancartas que colocaban en las calles que decían: "Universidad Para Los Revolucionarios". Cada vez que veía una me asaltaban las mismas preguntas… ¿Llegarían a la universidad mis hijos…serían revolucionarios? ¿Podría yo, con lo profundamente que le conocía las entrañas al comunismo, ser como otros padres que por no truncarles a los hijos la posibilidad de estudiar los dejaban crecer con la venda en los ojos? ¿Me prestaría para que compraran el derecho al estudio con la venta del alma? Aquellas reflexiones me llevaron a la conclusión que tenía que abandonar el país. Esta fue una idea que acaricié desde que estaba en prisión, pero que aparté de la mente porque era un paso que solo me beneficiaba a mí en perjuicio de mis padres que bastante había hecho sufrir.

Pero ya no era por mí. Me costó paciencia y ver correr muchas lágrimas de mamá para hacerle entender que tenía el deber de procurarle un futuro a mis hijos. Al fin lo entendió y lo aceptó resignada como a quien conducen al sacrificio. Llame a Bikin Meso un amigo expreso radicado en Venezuela y le pedí ayuda. Me resolvió la visa. Llegó el día de la partida. Nunca podré olvidar la despedida con mamá; me sentí cruel y abusador, como si le estuviera quitando la vida con mis propias manos arrancándole a los nietos del patio. En el avión viajábamos muchos expresos, todos amigos y casi todos ayudados por Bikin. Íbamos silenciosos y tensos, con el aliento contenido, porque la línea aérea era "Cubana de Aviación" y hasta tanto no estuviésemos en suelo extranjero estábamos todavía en las garras del comunismo. Cuando el avión aterrizó en el aeropuerto de Venezuela se detuvo lejos en la pista; por la ventanilla veíamos a los otros conectados a las terminales. Después de una larga y angustiosa espera, se aproximó al nuestro un autobús, maniobró al costado y ante nuestro asombro, se elevó a la altura de la puerta para que pasásemos a su interior. Cuando se llenó, que descendió a nivel del piso y partió a través de la pista, fue que respiramos seguros y aliviados: ya éramos hombres libres: estábamos en territorio venezolano. Comenzamos todos a gritar: "Viva Cuba Libre, Abajo el Comunismo". Es difícil substraerse al deseo de hablar y gritar después de haber vivido en el propio país con los labios sellados.

En Venezuela me fue bien, salvo en los primeros tiempos que son difíciles en cualquier país y más para el emigrante cubano que por haber vivido durante tanto tiempo aislado del mundo, bajo un régimen dictatorial que ejercía control absoluto sobre la vida, haciendo de cada individuo un ser ignorante y limitado, que cuando llegaba a un país libre, se sentía confuso y encandilado…en mi caso añadiéndole a eso el peso tan grande que sentía por el sufrimiento que le impuse a mamá. De este lastre me liberó ella misma el día que, pasado un tiempo, pude traerla a Venezuela y cuando vio lo bien que estaban sus nietos me dijo: "hijo, que razón tu tenías, ahora ya puedo morir tranquila".

Venezuela era en aquellos años un país estable y promisor; allí el trabajo esperaba por el hombre. Era un país que se merecía su hermosura y su riqueza. Allí viví nueve años que aproveché trabajando mucho. Después me trasladé a este, Estados Unidos, el más fraternal y generoso con los cubanos donde llevo veinte y donde ya no me siento extranjero porque es el país de mis nietos.

Pero la triste realidad es que he vivido en dos tierras extranjeras pero sin ninguna patria. Aquel monstruo de alma torcida que un día tuvo Cuba la desventura se hiciera con el poder; inescrupuloso y abyecto que se entregó al comunismo que le garantizaba la fuerza para sojuzgar a su pueblo, nos tiene dispersos por el mundo. Algunas personas me han preguntado si no considero inútil tanto sacrificio nuestro y les he respondido que no lo entiendo así. Es cierto que no hemos podido derrocar a Fidel, pero los cientos de miles de prisioneros políticos; las decenas de miles de fusilados, asesinados y ahogados en el mar en busca de libertad y los casi tres millones de exilados por todos los rincones del planeta, hemos sido ante el mundo un testimonio elocuente de que los cubanos no lo aceptamos, que de lo contrario no hubiese sido así, por tanto no ha sido un sacrificio inútil.

Personalmente siento la satisfacción de haber hecho mi

aporte. Es verdad que perdí parte de la juventud y que la prisión me dejó huellas y traumas para toda la vida, pero lo doy por bien empleado: el ser humano necesita del sufrimiento y la desdicha porque lo ayudan a conocerse a sí mismo y le elevan el espíritu.

Por otra parte vivo con el orgullo de haber convivido con tantos hombres buenos y valerosos que son como mis hermanos porque por mucho tiempo fueron mi familia más cercana. Y finalmente, porque si no hubiese vivido aquella pesadilla, nunca hubiera podido escribir estos recuerdos.

ÍNDICE

www.ingramcontent.com/pod-product-compliance
Lightning Source LLC
Chambersburg PA
CBHW050440290526
45786CB00006B/2099